皮膚は「心」を持っていた！

「第二の脳」ともいわれる皮膚がストレスを消

山口　創

青春新書
INTELLIGENCE

はじめに

身体心理学の研究を30年間続けてきた。

心の在りかを探る、というこの壮大な研究テーマは、実にさまざまな学問分野で議論されてきた。

さまざまな考え方があるが、私は「心は皮膚にある」と考えている。

私たちが日頃感じている不安、落ち込み、イライラといった感情は、性格ではなく皮膚が関係しているということだ。

生理学では皮膚は「第二の脳」といわれることもある。それは全身のなかで、皮膚と脳はもともと同じ部分にあったものが、途中から分かれるようにしてつくられるためである。そのため皮膚自身が電気を帯びていて、触れたものの形状を把握する能力まで持っていることがわかってきた。触れたものを脳で解析する以前に、皮膚自体が把握しているのである。

さらには、皮膚にある細胞の一部は、脳と同じようにさまざまなホルモンをつくり出していることもわかっている。

皮膚が何かに触れると、触れた部位に電位の変化が起こり、そこで情報処理がおこなわれるが、そのときに心を生み出しているのではないだろうか。

さて、このような皮膚についての科学的な発見がなされるはるか以前に、その秘められた役割について省察をしていた思想家がいる。フランスのミッシェル・セール（Michel Serres）である。彼の主張を要約するとこうだ。

「人の魂は皮膚が合わさるところにある」

「皮膚が皮膚自身に触れるところ、折り畳まれるところに〈魂〉は生まれる。合わさった唇、閉じられた瞼、握りしめられた拳、合掌する手のひら、額に当てられた指先、重ねられた腿、締められた括約筋……。そこに〈魂〉が生まれる。そのように〈魂〉はからだじゅうを駆けめぐる」

セールの主張は、見事に身体心理学の哲学と一致する。

がっちりと腕を組んで話している人は、魂を内に隠ししっかりとガードしようとしているだろうし、口をポカンと開けている人は、魂がどこかをさまよっているだろう。恋人同士で手をつなげば、その手が触れ合うところに魂は宿る。

「心」を見えないものとして、脳の奥深くにあるものとしてとらえるのではなく、それを体の表面に露出したものとして語ることで、「心」は目に見えるものとなるのである。


そうだとすれば、不安、落ち込み、イライラなどのネガティブな感情もまた、皮膚が合わさるところにあるだろう。確かに不安を感じている人は腕を固く組んでいたり、自らの顔や髪を触りたがる。落ち込んでいる人は頭を抱え、イライラしている人はせわしなく頭をかいたりしているようだ。

そういったネガティブな感情は、ネガティブなやり方で皮膚に触れていることと関係がある。「恐怖で鳥肌が立つ」とか「神経を逆なでする」というように、ネガティブな感情は皮膚に不快な感覚を生み出す。人はそれをかいたりさすったりして取り除こうとしているようだ。

しかしネガティブな皮膚感覚はそのようなやり方で皮膚に触れたとしても取り除くことはできず、逆に強まるばかりだ。ではどうしたらよいかは、本書を読んでいただければと思う。

さて、私が本書を書いた目的は2つある。

ひとつは、私は人と人が信頼を築き、優しく温かい絆で結ばれた社会にしたいということだ。社会をつくっているのは「人」である。住みよい社会をつくる政治家もまた「人」である。だから住みよい温かい社会をつくるためには、何よりも「温かい人」をつくらなければならない。「温かい人」をつくるのは、赤ちゃんのときから皮膚によく触れることに尽きる。皮膚は、「第二の脳」ともいわれるほどに、心と密接なつながりがあるからである。

そしてもうひとつの目的は、心を整える方法として「触れる」行為を多くの人に見直してほしいということだ。最近は心を整えるための方法として、マインドフルネスや瞑想などが注目されている。確かにこのような方法にも効果があるが、効果が出るまでに時間がかかり、途中で挫折してしまう人が多いというデメリットもある。

もっと簡単で、誰にでも心を整えることができるやり方こそ、「触れる」ことだと思う。高齢者の介護の現場、ターミナルケアの現場、小児医療の現場、自分のストレスを癒す方法として、皮膚に触れてほしいと思う。

この本を通じてすべての人に、すぐに、誰にでもできる、簡単だが大きな効果があるこの方法を、ぜひ身につけてほしいと願っている。

『皮膚は「心」を持っていた!』●目次

はじめに……3

第1章

皮膚は「第二の脳」だった!?
肌に触れることは、心に触れること

怒りっぽいのは「性格」のせいではなかった!?……14
皮膚という「露出した脳」……17
頭が先か、体が先か。頭・心・体の関係……19
皮膚はもっとも原始的な感覚器……25
皮膚は〝音〟を聞いている……26
耳では聞こえない超音波や低周波音もわかる……29
光や色も感知している皮膚……32

赤色のユニフォームで勝率が上がる!? 34
皮膚はこんなに頭がいい 36
目はごまかせても、皮膚はごまかせない 38
触覚としての指紋の役割 40
皮膚は記憶を宿している 42
触れられることからはじまる親子関係 44
胎児や赤ちゃんが感じるストレス 46

第2章

感情は「皮膚」でつくられる

イライラ、不安の理由は「肌」にある

判断の決め手は理性ではなく皮膚感覚!? 50
体が温まると、心も温かくなる 51
清潔にすることで罪悪感が軽減する 53
やわらかいものに触れると、心もやわらかくなる 55

世界中の子どもが持っている「ライナスの毛布」…… 57
硬い肌着でストレスホルモンが増加…… 60
赤ちゃんが求めているのは「食べ物」よりも「肌感覚」…… 62
虐待が子どもの肌感覚に与える影響…… 65
「痛いの痛いの飛んでいけ」で痛みが軽くなる理由…… 67
孤独は心だけでなく体にも影響を与える…… 69
紙の本と電子書籍、記憶に残りやすいのは？…… 72
触覚の根っこは「命に触れる」こと…… 74
年を重ねても触覚は衰えない…… 77

第3章

皮膚で「心を整える」方法があった！

この「触れ方」でポジティブに変わる

「触れる機会」が減りつつある現代人…… 80
皮膚が心地よさを感知するメカニズム…… 82

動物にも魚にもある「C触覚線維」 85
「心地いい触れ方」の5つのポイント 90
こんな触れ方はやってはいけない 96
触れることで、言葉以上に思いが伝わる 100
「オキシトシン」というもうひとつの癒し 101
ストレスを軽くするスキンシップの秘密 103
セルフマッサージで心を整える 105
マッサージでポジティブな心に変わる 108
うつで悩んでいたクライアントが回復 110
体の不調だけでなく心も前向きに変化する 113
マッサージで過去のトラウマにアプローチ 116
母と子のコミュニケーションとしてのマッサージ 119
「触れる」ことで関係性がつくられる 122
マッサージをしている側にも変化が起こる 123
災害、医療、子育て、介護…「触れる」ことの可能性 127

第4章

「触れる力」が心を育てる

脳内物質「オキシトシン」の効果

夫婦の絆を強くする脳内物質……134
子育て中の妻のイライラはオキシトシンが原因!?……137
親子の愛情が深まり、子どもの情緒が安定する……139
1~2歳の子どもの脳はだっこで育つ……143
「触れない育児」が引き起こす悪影響……145
自閉症の子は脳のオキシトシンが少ない……146
ADHDの子どもも変わるタッチケア……148
触れられ方の好みは人それぞれ……150
「境界の感覚」を育むことの重要性……152
スキンシップが多い子どもは学力が高い……158
思春期の子どもの「触れ方」にはコツがある……159

第5章

「皮膚感覚」を活かす人づきあいのヒント
「心」に触れるコミュニケーション

触れていなくても、そばにいるだけで心が強くなる……166
相手を自分の一部のように感じるスペース……168
「距離が近すぎる」というストレス……172
添い寝するだけで自律神経が同調する……176
病気の人には「付き添う」だけでもプラスの効果が……179
「直接会わない」コミュニケーションのデメリット……182
触れるだけで、相手に感情が伝わる……183
相手のために触れる「慈愛の心」……186

編集協力　樋口由夏
本文イラスト　富永三紗子
本文デザイン　ベラビスタスタジオ

第1章

皮膚は「第二の脳」だった⁉

肌に触れることは、心に触れること

怒りっぽいのは「性格」のせいではなかった⁉

朝のラッシュアワー。あなたは駅の人ごみのなかを歩いている。ホームに満員の電車が滑り込んでくる。前の人と間を空けずになんとか電車には乗ることができてホッとする。しかし後ろからはまだたくさんの人が押してくる。前後左右すべて知らない人と密着して、身動きもとれない。他者と密着するのは、想像以上に体温の熱さを感じる。首筋からは汗が流れ落ち、肌には衣服が貼りついて、あなたはとても不快に感じている。

こんな状況のとき、誰でも少しイライラする。ストレスを感じない人などいないだろう。なかには突然キレたり、怒り出す人もいる。トラブルに発展する場合もある。

もちろんその理由には、忙しくて心に余裕がないとか、たまたま嫌なことが続いていたなどといったケースもあるだろう。

そして多くの人が、ストレスは心で感じるものだと思うだろう。ここでいう「心」とは、感情や意欲といった情緒的な部分を指すものとしよう。

もしも、ストレスは心で感じているだけではない、といったら驚くだろうか。ストレスは、皮膚でも感じている。考えてみれば当然のことなのだ。

冒頭の例のような、不特定多数の人との接触や温度、湿度の変化もそのひとつだ。

例えば硬くて冷たい椅子と、心地よく体にフィットする椅子。どちらに座ったときにストレスを感じるだろうか。

またサイズの合わない着心地の悪い洋服を身につけたときと、自分用に仕立てられた着心地のいい洋服を身につけたとき、どちらがよりストレスを感じるだろうか。

答えは明らかだ。

皮膚は、意識下で感情に影響を与えている。

「確かに硬い椅子に座るのは居心地が悪いが、感情に影響を与えているなんて、大げさではないか」という人もいるかもしれない。しかし、私たちが「触覚」として意識しているのは、実は氷山の一角であり、無意識下ではとてつもなく膨大な情報量が脳に流れ込んでいるのである。

無意識下で不快感が増長すれば、自ずと感情に影響を与えるのは当然のことなのだ。さらにいえば、不快感などの感情は、心よりも先に「皮膚が感じて」いる。

「身の毛がよだつ」「肌で感じる」「鳥肌が立つ」という慣用句があるが、これも、心よりも先に皮膚が反応していることをよくあらわしているのではないだろうか。

例えば「鳥肌が立つ」のは、現象として説明すれば、寒いときに立毛筋を収縮させて体温の放出を防いだり、熱をつくるためである。このように皮膚は心とは関係なく反応する場合もあるが、恐怖や感動など心に先んじて反応する場合もある。

恐怖はもともと毛のある哺乳類の動物にとっては、敵に襲われたときに毛を逆立てて身を大きく見せるための反応であるが、人間にとってはほとんど意味がない。感動して鳥肌が立つ場合もほとんど意味を持たない。しかし逆に考えれば、鳥肌が立っている感覚があることで、自分が感動していることがわかることもある。そのようなときは皮膚が反応していている原因を自己分析することで、自分が意識できない深層心理を理解することができる。

またこれを利用して、ある人が無表情を装っていても、鳥肌が立っていたとすれば、強く感情を揺り動かされているのがバレてしまうし、やたらと自分の顔や手などを触っていたとしたら、間違いなく緊張や不安を感じている証拠にもなる。

皮膚は嘘をつけないのだ。

ちょっとしたことでイライラしたり、常にストレスを感じていたりするのは、もしかするとあなたの性格ではなく、皮膚感覚のせいかもしれないのだ。

皮膚という「露出した脳」

ではなぜ、皮膚は心にも影響を与えるのだろうか。

例えば悲しみに暮れているときに、親しい人に背中をさすってもらうと悲しみが癒えるといったことはないだろうか。また疲れて帰宅し、ペットを膝の上に乗せて、そのふわふわの毛をなでているだけでホッとして、落ち着いてくることはよくあるだろう。

これは決して気のせいなどではない。

皮膚は、体の表面を広く覆っているが、ただの膜ではない。イギリス生まれの人類学者であるアシュレイ・モンターギュは、「皮膚は身体でもっとも大きな感覚器官である。皮膚を構成しているさまざまな要素は、脳と非常に似た機能を持っている」と、今から40年以上も前に述べている。

脳がなくても生きていける生物は山といるが、皮膚がなければどんな生物も生きてはいけない。

腸は「第二の脳」といわれるが、皮膚も「第二の脳」といわれたり、腸に次いで「第三の脳」といわれたり、「露出した脳」といわれることもある。

それは、皮膚と脳の発生の過程を見れば明らかだ。

人間の受精卵は細胞分裂を繰り返して人間らしい形になっていくが、このとき、細胞は外側から外胚葉、中胚葉、内胚葉という3つの層に分かれている時期がある。それが次第に分化して、例えば内胚葉からは内臓、中胚葉からは骨や筋肉などに分かれていくのだが、実は外胚葉からは、皮膚と脳に分かれていくのである。

つまり皮膚と脳は、もともとは同じものだったというわけである。だからこそ、脳に勝るとも劣らない情報処理能力を備えているのだ。

しかも皮膚は、脳と比べて、その突出した面積の広さから、多くの感覚を感知して、大量の情報を処理している器官なのである。

皮膚の刺激は脳に直結しているのだ。

触覚や温度感覚、痛覚などの皮膚からの刺激は、脊髄に入ったあとに比較的単純な経路で脳に到達し、認識や感情の中枢を刺激する。

だから、皮膚をなでることは、脳をなでるといってもよいほどだ。脳は直接なでることはできないが、皮膚をなでることならできる。

スキンシップと親子の関係については後述するが、例えば赤ちゃんの肌を母親が直接刺激するベビーマッサージなどがいい例だ。

母親が我が子の肌を直接刺激することで、子どもの脳に刺激を与え、ひいてはそれが脳を育むことにつながるのである。

頭が先か、体が先か。頭・心・体の関係

次にもう少し広く、私たちの「頭・心・体」の関係について見ていこう。これから述べていくことは、この身体心理学の考えがベースになっているため、ぜひ理解してほしい。

私は、人間の「頭・心・体」を21ページのピラミッドの図のように考えている。

まず最上段にあるのは「頭」である。言葉で論理的に考えたり、理性的に判断したりする、いわば知性の部分である。しかし、常に合理的に判断しているように思われている「知」の部分も、実際には感情に大きく依存している。例えばダイエットしたいと頭では考えていても、イライラしたときなど感情に流され、つい食べてしまう人は多いはずだ。だから

「頭」の下に「感情」がくることになる。

さらに人の感情は、五感で物事をとらえたことで生まれてくるものである。人に触れられた触覚によって、「落ち着いた」「気持ちいい」という感情が生まれてくる。しかし、幼少期の体験で不適切な養育を受けたような子どもは、人に触れられることから「恐怖」や「不快」の感情を感じることもある。それは不適切なルートが「頭」から入ってしまい、「大人は怖い」とか「男性はけがらわしい」などの考えを持ってしまったために、健全な感情が「頭」の認知判断によって歪められてしまったためである。

最下段にあるのが「体」である。「体」はその上の「感覚」と一体になって機能している。触覚は皮膚、視覚は目といったように、体と感覚は不可分な関係でもある。「体」は、図を見れば明らかな通り、一番下で「心」と「頭」を支える役割をしている屋台骨である。

話を最初に戻そう。ここで注目したいのは、ピラミッドの中間にある「感覚」の部分である。

人間には、いわゆる五感といわれる視覚、聴覚、嗅覚、味覚、そして触覚が備わってい

頭・心・体の関係――ベースには体がある

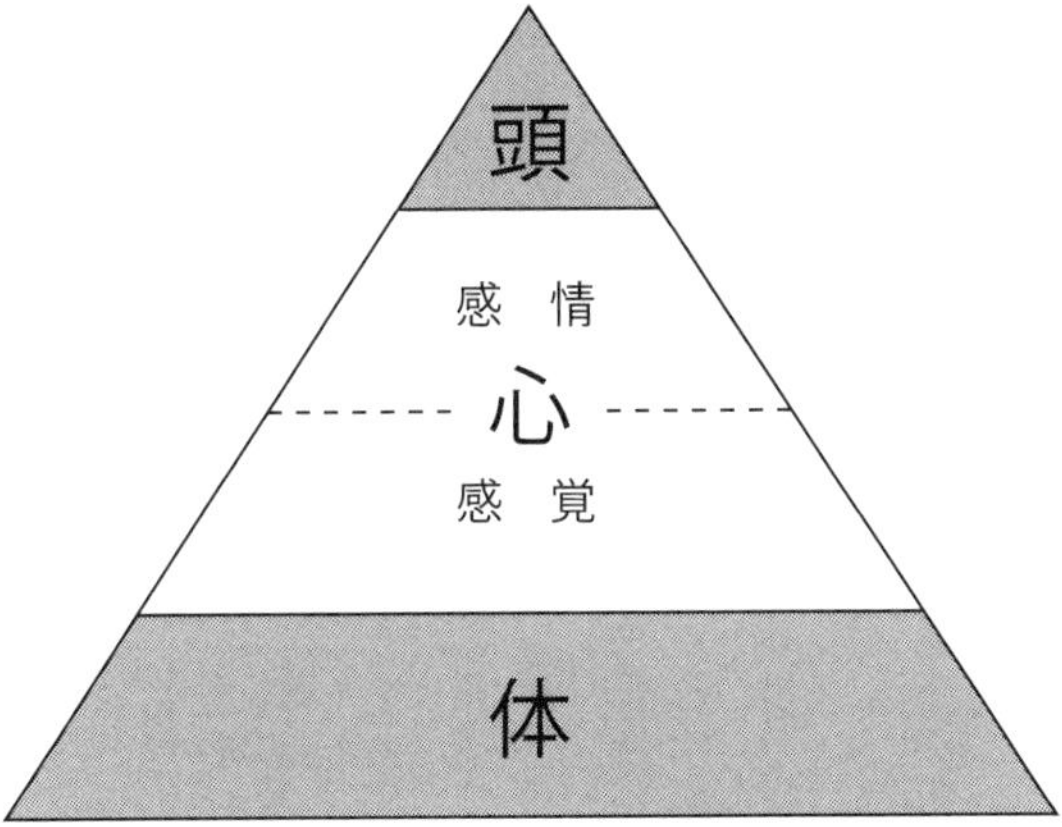

る。しかし５つの感覚は並列的な関係ではなく、これらも階層構造を成している。もっとも原始的でほかの感覚のベースになっているのが触覚である。このことは、すでにギリシャ哲学者のアリストテレスも指摘しており、触覚能力が十分にあってはじめてほかの能力が備わっていくものと考えていた。

また今から２００年以上も前に、アイルランドの哲学者であるバークリーは、「視覚によって得られる距離や形、位置や大きさといった空間観念は、すべて触覚の働きに負うものであり、視覚の直接の対象は光と色だけである」と考えた。

つまり、空間観念を養うためには、触

覚の働きが不可欠だというのである。

また、解剖学者の三木成夫《しげお》氏は、「乳幼児の頃に舌や唇で舐《な》めることが知覚の基礎をつくる」と述べている。

視覚の基盤となるのはあくまでも触覚で、丸いものを「丸い」と認識するためには、ただ目で見て球体ととらえているのではなく、幼児期に丸いものを触ったり舐めたりして触覚で確かめた経験の記憶に基づいているというわけである。

赤ちゃんが何でも舐めて確かめるのは、そのものに触れて認識するためである。生まれつき視覚よりも発達している触覚をフル活用しているのだ。触って舐めて、口に含んで確かめることで、その感覚を脳に情報として伝えている。

確かに、生まれたばかりの赤ちゃんの視力は低い。そして生まれたばかりの赤ちゃんの脳を調べてみると、触覚に一番反応することがわかっている。成長とともに、視覚などほかの感覚の割合が上がってくる。

最近の研究でも、東京大学の國吉康夫教授は、胎児の胎動によって脳がつくられるという大胆な仮説を立てている。胎児は脊髄にあるCPG（セントラル・パターン・ジェネレータ）によって引き起こされる運動によって、手を口に触れたり、顔に触れたりしているのだが、それが自己の体を認知する大きな役割を果たしているというのだ。また、羊水のなかで動くために、その圧力を感じるが、そのことも手足を確認することに寄与しているという。

同じような意見は発達心理学者のP・ロシャー博士も持っている。つまり、胎児が自発的に動き体に触れることで、脳に体の地図が書き込まれるというのだ。

人間にとって自発的に動いて触覚で認識することがいかに大切か、それは私たちの足の下にいる原始的な生物であるミミズの行動からも推察することができる。

今から120年も前のことだが、進化論で有名なダーウィンは、最初はミミズの研究に没頭し、なんとミミズに知能があることを発見してしまった。彼が注目したのはミミズの穴塞ぎである。

ヨーロッパのミミズは、自分が掘った穴の入り口を落ち葉などで塞ぐ習性がある。体が乾燥すると死んでしまうミミズは、この行動を通じて外気の吹き込みを遮断し、体の乾燥を防いでいる。ダーウィンはミミズが穴塞ぎに使うものをさまざまに変えたり、湿度や気温を変えることで、ミミズが穴塞ぎの際にする行動を詳しく観察してみた。そして落ち葉をくわえて振りまわしたりする行動は、決してデタラメなものではなく、しっかり「考えて」調整していることを明らかにした。ミミズはさまざまな形の葉や紙を穴塞ぎにふさわしいやり方で使ったのである。

しかも、穴塞ぎは「試行錯誤」でも「本能」としての行動でもなかった。ミミズは環境から「穴塞ぎにふさわしい性質」を見つけ出し、自らの行為を調整していたのである。その後の実験から、人間も同じ状況におかれた場合、ミミズとまったく同じようにふるまうことがわかった。その能力をダーウィンは「知性」と呼んだのである。

まだはっきりとした脳もなく、目も耳も持たないミミズは、触覚と、それに連動した固有感覚（自分の筋肉などの身体内部の感覚）がきちんと働けば、それだけで知性を持つことができるのである。

このことは人間でもまったく同じだ。赤ちゃんよりもう少し成長してからも、触覚や固有感覚を育むことの大切さに気づいて実践に取り入れてきた巨匠がいる。

ドイツの哲学者であり神学者でもあったシュタイナーがつくった学校では、自分の内奥にある欲求に気づき、それを実践するために自ら行動する人間に育てることを教育方針としている。頭脳と情緒に並び、「手」の教育にも力を注いでいるのが特徴だ。

またイタリアの女医であったモンテッソーリも、医学と教育を融合させる必要性を痛感し、自ら幼稚園をつくった。「手は心の道具である」として、いろいろな道具を使い、触覚をはじめとする感覚を育てることを重視した。

この2人の教育者はどちらも、さまざまなものに触れて触覚を刺激することの重要性を知り抜いているといえる。触覚を育てることで、感受性が豊かになり、そして知性を確立することを。

皮膚はもっとも原始的な感覚器

五感のなかでの触覚の位置づけについて、もう少し考えてみよう。

前項で、五感のベースに触覚があると述べた。もし、五感の関係性を図で表すとすれば、根底に触覚があり、それ以外の視覚、聴覚、嗅覚、味覚の4つの感覚は、触覚の上に並列に並んでいるイメージだ。

例えば視覚なら目、聴覚なら耳、嗅覚は鼻、味覚は口といったように、ほかの4つの感覚は、使う器官が限定されている。決して耳でものを見たり、鼻で音を確認したりはできない。

しかし、触覚は少し違う。かかわっているのは全身を覆う広い皮膚であり、すべての感覚のベースとなり、全身で感知することができるのだ。その分、快や不快、不安や恐怖や喜び、興奮など、いろいろな感情とも直結しているのが触覚であるといえる。

なぜ、五感はすべて触覚から派生していったのだろうか。

皮膚は、かつては五感のすべてを感じ、処理することができる臓器だったと思われる。目がない生き物や耳がない生き物はたくさんいるが、そんな生き物でも皮膚感覚だけは持っている。そして進化の過程で皮膚の一部が時間をかけて目や耳に分化していったのである。

だから人間の皮膚にも、原始の生物の時代に持っていた機能が残っているようなのだ。

次に、五感すべてを皮膚が感じていた可能性について見ていこう。

皮膚は〝音〟を聞いている

皮膚は音も聞いている、といったら驚かれるだろうか。

例えば生演奏を間近で聞いているとき、音の振動を皮膚で感じることは多々あるだろう。また、大好きなミュージシャンのライブDVDを観るよりも、生のライブを観たときにより感動するだろう。それは直に本人を目で見て、生の音を耳で聞いているからだけではない。皮膚など全身からその場の空気や音を感じ取っているからなのだ。そこに「感動」も生まれる。

また、花火の音や和太鼓の音などを聞いたとき、私たちは「お腹に響く」ように感じる。そのような音の大きな振動が、皮膚を通して脳にかなり影響を与えている。同じ花火の音や和太鼓の音をテレビで聞くのとは、明らかに違うのは実感としてわかるのではないだろうか。

もちろん、空気の振動を音として認識するのは「耳」である。しかし、CDを聞いているときに耳を塞いでも、完全に音をシャットアウトすることはできない。なぜなら、音は耳だけで聞いているわけではないからだ。

皮膚は、耳では聞こえない可聴帯域外の音も聞くことができる。

人間が耳から聞くことができる空気振動の周波数は20ヘルツ～20キロヘルツ（ISO規格）である。

ところがフランスの科学者ガブローは１９４８年、耳たぶの後ろのある側頭骨の突起部、乳様突起に16・5キロヘルツから１２０キロヘルツの超音波を与えたところ、その音が聞こえることを報告した。そしてその後、耳がほとんど聞こえない高度難聴者でも、超音波を骨伝導で聞くことができることも発表された。骨伝導については、スピーカーやイヤホン、電話などで商品化されているから、ご存じの人も多いだろう。

超音波は、日常生活のいたるところにある。風の音や潮騒の音、楽器が奏でる音や家庭内のさまざまな電化製品からも発生している。

ちなみにＣＤやインターネット配信されているようなデジタルサウンドは超音波がカットされている。そのため、聞いていると疲れるともいわれている。一方、レコードなどのアナログサウンドは超音波が入っているから、音がマイルドで臨場感があるため、聞いているとレコードのほうがなぜか心を動かされるという人も多い。

さて、それまで超音波は骨伝導で伝わると考えられてきたが、そもそも皮膚が振動しなければ、骨に伝わることはない。つまり、皮膚自体が超音波を伝えている可能性があるのだ。農学博士であり文明科学研究所所長である大橋力《つとむ》氏は、超音波を知覚する部位は皮膚だろうと考えている。

それは、参加者の全身の皮膚を遮音材で覆ってから超音波を含む音楽を聞かせると、その影響が見られなくなることを証拠としている。さらに、その超音波を含む音をイヤホンを使用して聞かせたら、影響がなかった。このことから、超音波が直接皮膚に到達した場合にのみ、その影響が出ると考えられるのである。

耳では聞こえない超音波や低周波音もわかる

同じように、皮膚は低周波も聞いている。

低周波音とは、1~100ヘルツの音のことをいう。

低周波音は、耳だけではなく、体全体で知覚しているということは、すでに多くの文献からも指摘されている。身近なもので低周波を発生させるものとしては、ステレオやエアコン、乾燥機などの家電製品から、車が走る音、飛行機やヘリコプター、電車が走る音、トンネル内の走行音などがある。また、雪崩《なだれ》や地震、台風などの自然災害の音や、ダムの水の放出時の轟音《ごうおん》などからも出ている。一般に「腹に響く重低音」などともいわれるが、低周波音は、体に音圧として感じられるだけでなく、地面や床面などを震わせてその振動が伝わって感じるものもある。

日本ロケットの開発の父といわれる糸川英夫氏は、音楽の演奏には、音以外の要素、いわゆる「音楽の不純物」が含まれており、この不純物のなかにこそ、音楽をより感動的なものにしている要素があるとしている。これが糸川氏が唱えた「ボーンコンダクション理論」である。

音楽を演奏している人には空気中を伝わってくる音波と、楽器を持つ手や抱えている体を通して直接振動として伝わり、それが骨を通して聴覚系に伝播される音の、2つの音を聞いているという。そして、聞く人に感動を与えるのは、音波ではなく、「ボーンコンダクション」のほうであるとしている。

先に、CDよりもレコードのほうが感動すると述べたが、それがまさにこのボーンコンダクション理論のことなのだ。音楽をレコードで再生すると、床板や椅子から振動が伝わってくる。しかし、CDなどのデジタル化された音楽では、可聴領域以外の周波数はすべてカットされてしまい、純粋な音波だけとなるため、音楽を聞いての恍惚《こうこつ》感は得られにくいのだ。

さて話を皮膚に戻そう。なぜ皮膚は超音波や低周波音を知覚できるのだろうか。

実は人間の可聴範囲はほかの動物と比べると極めて狭い。例えばイルカは170キロヘルツ、コウモリは100キロヘルツの音まで聞くことができる。

多くの動物たちは超音波を、エサを得たり、危険を察知して伝えたりする手段として駆使している。

しかし、これらの超音波を、動物たちがどのような手段で知覚しているのかについては、ほとんど研究されていない。だが私は、動物も人間と同じように皮膚を受信器官として超音波を知覚し、それを聴覚野で処理しているのではないかと考えている。

先に、低周波は地震や雪崩、台風などの自然災害の音からも出ていると述べた。これらを感知することができれば、いち早く危険を察知することができる。進化の過程で我々人間が低周波音を知覚できるようになったのは、危険な環境を生き延びるためだったのではないだろうか。

皮膚は耳では聞くことのできない周波数の音を確実に知覚している。

私たちは「音は耳で聞くもの」と教わるのだが、皮膚も空気の振動を「聞いている」のだ。

このように考えると、皮膚の役割は本来、触覚ではなく、振動を受容するための器官、振動受容器ともいえるのかもしれない。皮膚は振動する臓器なのだ。

光や色も感知している皮膚

皮膚で音を知覚できるなら、光や色も感知できるのではないだろうか。

当然のことながら、一般的に光や色といったものは目で知覚している。

そもそも光とは、電波やX線と同じように、電磁波の一種だ。電波と違うのは、固有の周波数（振動数）があることである。私たち人間が見ているのは、振動するエネルギーのうち、目で見ることができる部分のことである。

目でとらえることができる光を可視光と呼ぶ。私たちは、この光の波長を視覚を介して、色に対応させてとらえている。

波長が長いものから波長が短いものまで、赤、橙、黄、緑、青、藍、紫など連続的な色として認識している。私たちはその周波数の振動を、「色」として認識しているのである。

ちなみに波長が短いとされる紫は1秒間に約750兆回の振動数があり、もっとも波長が長いとされる赤は、1秒間に約450兆回の振動数で振動している。

また可視光よりも波長が長いのが赤外線、波長が短いのが紫外線であり、これらは人間の目では見ることができない。

それでは人間は、可視光を目でしか知覚できないのであろうか。実は、目に見えない赤外線と紫外線のどちらにも、皮膚は反応している。

さらにいえば、目に見える色でさえも皮膚は感知しているという実験もある。人間は、目隠しをしていても、赤い部屋と青い部屋では、脈拍や血圧に変化が出るという。

私も実験してみたのだが、赤い折り紙と青い折り紙を置いておき、目隠しした状態で手をかざしてもらうと、かなりの割合でわかったのだ。訓練するとある程度わかるようになることもあるというが、訓練をしていない一般人でも、偶然以上の割合でわかるという結果が出た。おそらく、皮膚自体が「赤は温かみがある」「青は冷たい」といったことを、感じ取っているらしいのだ。

そのメカニズムであるが、目の網膜には、オプシンという光の色（青、緑、赤）をとらえるタンパク質がある。この3つの光をとらえることで、赤から紫までを脳が感じることができる。しかもオプシンは、目と同じように皮膚にもあるということがわかってきたのだ。だからこそ、目で見なくても色がわかり、色の影響を受けるのだろう。

また海底にいるタコは、まわりの環境に合わせて皮膚の色を変えることで知られている。それも、「目」→「脳」→「皮膚」というルートではなく、皮膚自体がまわりの色を感知して、一瞬で皮膚の色を変えてまわりの環境に同化していることもわかっている。カエルやカメレオンなども同じである。

目ができる前の生物は、おそらく太陽の光を体全体で浴びていて、目が見えなくても皮膚を通して感知していたのだろう。退化こそしているが、人間も皮膚で色や光を感知できるのだ。

赤色のユニフォームで勝率が上がる⁉

色は、想像以上に心に影響を与える。

皮膚が色や光を感知できることを応用した代替療法に、色彩療法がある。

色彩療法とは、色の持つ力を利用して、そのパワーがそのまま体に影響を及ぼすことを利用したセラピーだ。

人体を構成している根源的な物質である原子レベルでは、それぞれの原子固有の周波数がある。それが色（光）の持つ波長と同調することによって、体に影響を与えると考えられているのだ。例えば傷口に赤い光を当てると治りが早くなる、ニキビに青い光を当てると治りやすくなる、といったことがわかっている。

色の違いは波長の違いでもあるから、それぞれの色によって、体に与える影響も違うのである。

例えばイギリスのヒルたちは、スポーツ選手のユニフォームの色と運動パフォーマンスの関係を調べた。研究では、２００４年のアテネオリンピック大会でおこなわれた格闘技（ボクシングやテコンドー、レスリング）の試合結果を分析し、ユニフォームやプロテクターが赤だった選手たちは勝率が高く、試合で優位に立つことを明らかにした。また同じように、赤いユニフォームのサッカーチームは、ほかの色のユニフォームのチームよりも勝率が高いこともわかっている。もちろん、目で見て交感神経の働きが高まったからだという可能性もある。この研究を「下着」でやってみたら、目から入る影響がなくなるので、どうなるだろうか。興味深い。

また、こたつやヒーターには赤外線が使われており、温度を上げる作用がある。そして赤外線にもっとも近い波長である赤色にも、体温を上げる効果がある。赤い色の部屋に入れば脈拍や血圧が上がるのもそのためである。その逆に、波長が短い青や藍は、見るからに冷ややかなイメージがあるが、実際に心を落ち着かせる作用がある。

このことを利用して、心の状態に合わせて色を選ぶのもひとつの方法だ。

色についてはもちろん、視覚からの効果が大きいことはいうまでもないが、目が見えない人も、皮膚を通じて色を感知していることからわかるように、長時間過ごす部屋や、ユニフォームなどに使う色を工夫することも有効である。

皮膚はこんなに頭がいい

繰り返しになるが、もともと、五感のベースには触覚がある。目の網膜も、鼓膜も、鼻の粘膜も舌も、すべて外胚葉からつくられたものであり、いってみればもとは皮膚である。つまり、皮膚の一部が目になり、耳になり、鼻になり、舌になっていったのだ。

だからおおもとの皮膚は想像以上に隠れた能力を秘めている。

例えば、単細胞生物のゾウリムシという生物がいる。単細胞生物とは、体が1個の細胞のみでできている生物のことだ。だから当然、目も耳も口もない。

単細胞生物には「皮膚」はないが、外界と接する「細胞膜」が皮膚であるといえる。そして、単細胞生物であるから神経細胞を持たないが、神経細胞や筋細胞と同じような機能は持っている。

ゾウリムシの生息地は田んぼや沼や池である。体長は0・2〜0・3㎜ほどの円筒形である。特徴的なのが、その細胞表面にある繊毛で、約2万本もある。この繊毛を動かすことで、自由自在に沼地を泳ぐことができるのだ。

ゾウリムシは、泳いでいて岩などの障害物にぶつかると、繊毛が逆転して後退し、泳ぐ方向を変えることができる。それは触覚と同じように、機械的な刺激を電気エネルギーに変換させるピエゾ2というタンパク質を持っているからである。厳密にいえばゾウリムシの「皮膚」とはいえないかもしれないが、単細胞生物でさえ、何かにぶつかったことを感知するメカニズムを持っているのだ。

もしも障害物があっても気づかず前進し続けたとしたら、当然ながらゾウリムシの命はない。ゾウリムシが10億年ものあいだ生き延びてきたのは、このような仕組みがあるからなのだ。

そして何かに触れたときに触覚のもとになるタンパク質であるピエゾは、植物から線虫、アメーバのような原生動物から私たち霊長類にまで共通することもわかっている。

植物では、例えばハエトリグサなどの食虫植物がわかりやすいが、触覚がなければ栄養素を効率よく摂取することは難しい。朝顔のように、茎が弦のように支柱に巻き付いて上に伸びていく植物もそうだ。そのような植物は、回転しているうちに支柱に当たると、その接触刺激を感じ取ってそれに巻き付きながら上に伸びていくのだ。うまく弦が支柱などに巻き付くことができないと途中で枯れてしまったりして、成長できないという。

栄養が十分にあっても、親からのだっこなどの触覚刺激がないとうまく育たないというのは、人間の赤ちゃんでも共通するのではないかと思える。このことについては、第2章でまた詳しく述べようと思う。

このように触覚というのは、すべての生物に共通する極めて原始的な感覚なのである。だからこそ、触覚の刺激は生物にとって生命にかかわる重要なものだといえる。

目はごまかせても、皮膚はごまかせない

皮膚は外界を知覚するセンサーでもある。

子どもが少し熱っぽいときがいい例だ。明らかに高熱の場合はともかく、多くの親（とくに母親）は、子どもの体を触ってみるだけで、普段の子どもの体温との違いにすぐ気づく。微妙な熱の違いを皮膚を通じて感知できるということだ。体温計で測るよりも前に、だいたいの体温がわかってしまう親もいる。

手の体温計は、本当のところ、どのくらい正確なのだろうか。アフリカの多くの病院では、大勢の子どもの体温をすべて体温計で測定することができないため、看護師は手で体温を測るそうだ。

実験してみると、実際にはやはり体温計ほどには精確ではなく、わずかに体温が高い程度でも大げさに高いと判断してしまう傾向があるという。ただしそれでも、わずかな体温の高さを検知できるのに変わりはない。

触診も同様である。医療において手は、患者の体の状態を知る、極めて便利で、しかも正確なツールなのだ。子どもの体に手を当てて熱を測る母親のように、患者の体温の高低、皮膚の内部の目に見えない腫瘍の膨らみやしこり、そして3本の指だけで脈拍を測れるなど、医療機器よりも万能なセンサーとなる。

さらにその精度は年齢とともに衰えるどころか、経験を積めば積むほど高くなる。

目で見ただけではわからない微妙な違いも、触ることでわかることがある。視覚よりも触覚のほうがはるかに敏感なのだ。

確かに、文字パターンの認識能力などでは、視覚に比べれば触覚ははるかに劣る。しかしそれは進化の過程で、文字のようなパターンは視覚で認識したほうが都合がいいからであり、触覚で認識する必要がなかったからであろう。

触覚としての指紋の役割

全身の皮膚でもとくに優れた認識能力を示す部位がある。それが手指や口唇部である。手指や口唇部は、対象の形や表面状態を知るために、ほかの部位に比べて触受容器の密度がかなり高くなっているのだ。

手のひらや指先には圧覚や痛覚などの受容器が濃密に分布しているが、とくに指先には数百万個もの割合で受容器が存在している。

例えば点字を指先で判読できたり、偽札を触って判別できたりする。偽札などは、見た目が本物そっくりにできていて判別できない場合でも、その感触からわずか1ミクロンの凹凸までわかってしまうことがある。これは、ほかの哺乳類にはない優れた能力である。

また、私たちの指には、一人ひとり違った模様の指紋がある。指紋の凹凸は、ものを持つときの滑り止めの役割を果たす。だが、指紋の役割は滑り止めだけなのだろうか。

皮膚の構造が詳しくわかるようになると、指紋は単なる滑り止めだけではないことがわかってきた。指紋は、「ツルツル」「ザラザラ」あるいは「滑りそう」といった触覚の感度を、著しく向上させる役割を持っていたのである。

だから万が一、指紋がなくなってしまえば、皮膚の感度は著しく鈍くなる。

皮膚の表皮と真皮の境界は食い込みあっていて、表皮から見て凹部にはマイスナー小体が、凸部にはメルケル細胞が配置されている。

慶應義塾大学の前野隆司氏らは、皮膚が変形するエネルギーをシミュレーションによって求め、指紋に沿って各受容器が配置されている部分に、うまく力が集中する構造になっていることを突き止めた。皮膚はただの1枚の膜ではない。その硬さも同じではない。だからこそ、受容器の配置している箇所に力を集中させ、効率よく皮膚の変形を検出できるのである。

やわらかいゴムボールや風船をテーブルのような硬い平面に押し当てたところを想像し

てみてほしい。このときテーブルに接触している部分の圧力は、接触した部分の中心部ほど大きくなるのはわかるだろう。では同じようにゴムボールや風船を人間の皮膚に押し当てたらどうだろう。するとほぼ、均一の圧力になるのである。

つまり皮膚は、対象物の形状に合わせてフィットするようにできている。対象の特徴を理解するのに極めて優れた素材なのである。

さらに、味も皮膚感覚で感じ取ることができる。

例えば、唐辛子などの香辛料などの辛味は刺激として皮膚感覚で知覚しているのだ。なぜかといえば、辛味は痛みと同じ皮膚のセンサーで感じているからだ。

また、ミントのような清涼感のある味は、冷覚として感じている。

このように、見た目を巧妙につくることで視覚はごまかせても、触れることでわかってしまうことがたくさんある。目はごまかせても皮膚はごまかせないのだ。

皮膚は記憶を宿している

皮膚感覚は記憶とも結びついている。

嗅覚と記憶の結びつきについては聞いたことがある人も多いだろう。特定の香りから、昔を思い出した経験がある人もいるのではないだろうか。

同様に、皮膚感覚から記憶がよみがえることもある。

著者は、大学生にいろいろな種類の布に触ってもらい、それぞれの評価をしてもらう実験をしてみた。すると、かなり多くの人が、「昔のタオルの感触だ」などと過去の記憶がよみがえったのだ。

また、年配の人に赤ちゃんをだっこしてもらうと、多くの人が「この感触、懐かしいねえ」などという。皮膚も脳と同じく情報処理器官だとすれば、脳と同じく記憶を宿しているとしても不思議ではない。

このような触覚レベルの記憶がある可能性がある一方で、物理的にも過去の記憶を宿している事実もある。例えば幼少期に同じ皮膚の部位を何度も掻きむしって傷つけてしまうと、その痕《あと》が大人になってもずっと残ってしまうことがある。

また日本では昭和50年頃までは、一斉にBCGの予防接種をおこなっていたため、その痕が皮膚に残っている人が多いが、それも一種の皮膚の記憶である。それがあるかないかで年齢がある程度わかってしまうほどだ。

さらにニキビや水疱瘡《みずぼうそう》の痕、ケガやヤケドの痕など、さまざまな過去の記憶が皮膚には焼き付いているのである。

触れられることからはじまる親子関係

次に、人生早期に触れられた記憶について見ていこう。

生まれてすぐの赤ちゃんを母親の胸元に抱き、母親の体温で温め、授乳をしたり触れ合ったりする「カンガルーケア」という方法がある。

もともとは南米コロンビアではじまったもので、当時コロンビアでは十分な新生児医療ができず、保育器が足りなかったため、母子の愛着形成と保育器の代わりにおこなわれたのがきっかけといわれている。

カンガルーケアは、母と子の皮膚と皮膚が直接触れるため、赤ちゃんの体温が維持され、呼吸が安定する効果がある。また、先述したように母子の愛着の形成や、体と心の安定にもつながる、まさに「触覚」によるところが大きいケア方法なのである。

出産直後の母子は、早期に接触するほど愛着が形成されやすいことも明らかになっている。スウェーデンの研究でも、無作為に母子同室制をおこなった母親は、母子別室にした母親に比べて、育児に自信を持ち、我が子が泣くことに対しても強い感受性を持っていることが明らかになった。

母親というものは、子宮内で育ててきた我が子を体外に産み出したとき、心理的にはすぐさま「自分とは別の人間だ」と割り切れるものではない。まるで自分の体の一部ででもあるかのように感じる母親がほとんどで、我が子と離れることに不安を覚える母親も多い。

この感覚を「間主観的な認知」というが、早期に接触すればするほど、この感覚が強くなるという。いってみれば、我が子の肌もまるで自分の肌のように感じており、これが子どもへの愛着をより強くしていくのだ。

母親の子宮のなかで、胎児は羊水に包まれている。羊水はいうまでもなく、母親の体温と同じ温かさの液体だ。胎児は子宮のなかで、まるで大人が気持ちよく温泉に浸かるように（?）ゆったりと羊水に浸っているのである。

ところが、ひとたび出産となって体外に産み出されると、すべてがはじめて体験する感覚である。体温よりも低い温度の空気にさらされることは、ひときわ触覚が敏感になっている新生児にとっては大きなストレスとなることだろう。

だからこそ、母親の包み込むようなだっこが必要なのである。温かく、やわらかく、滑らかな肌の感触は、子宮内回帰の欲求を満たしてくれるのだ。

胎児や赤ちゃんが感じるストレス

実際に学術的に研究されているわけではないが、「バーストラウマ」というのを聞いたことはあるだろうか。これは赤ちゃんが妊娠中から出産するまでのあいだに抱くストレスによる心の傷をさす。そのストレスは、その後の赤ちゃんの気分や性格に影響を及ぼす、といわれている。

バーストラウマは3段階あるという。

【妊娠期間中】

妊娠期間中に、母親の胎内で受けたストレスである。

例えば、出産をためらった、望んだ性別と違う性別だった、飲酒・喫煙など赤ちゃんに害の及ぶ生活をした、というような場合である。また赤ちゃんを大切に思って妊娠生活を送ったとしても、ホルモンバランスが崩れたり、ツワリでしんどい時期を過ごしたり、何度も不安やイライラを感じたなど、さまざまな負の感情を持つときもある。そんな感情がダイレクトに赤ちゃんに伝わって、ストレスになってしまうことはあり得るだろう。

胎児期の感覚のかなりの部分が触覚や固有感覚だと述べたが、胎児のバーストラウマは、胎児への血流の変化や羊水の振動を伝って、ストレスを与えているのだろう。

【出産時】

母親にとっても苦しい陣痛やお産だが、お腹のなかの赤ちゃんにとっても命がけである。帝王切開、早産、逆子、へその緒のからみ、難産など、リスクの高い出産であればあるほど、赤ちゃんの受けるストレスは大きくなるだろう。しかし陣痛が繰り返される子宮のなかで皮膚にマッサージを受けることで、その後にやってくる出産のストレスに備えているともいわれている。

【出産後】

子宮という安全で守られた場所から、突然冷たくて騒々しい外界に投げ出された新生児にとっては、それだけで不安でストレスである。

そんな状況で、母子が別室で離れて過ごす期間が長くなれば、ストレスはさらに増してしまう。すぐにだっこしたりくるんだりしてあげる必要があるだろう。

胎児期から出産前後に赤ちゃんが受けたストレスは、記憶としてはっきり残っているかは定かでないが、フロイトが指摘しているように、「自己は皮膚に宿る」とすれば、皮膚でストレスを感じたことからその後の性格に影響を及ぼすことはあるかもしれない。

もちろん、子育てをしていくなかで、赤ちゃんが母親の愛情をしっかり感じとることができれば癒されていくが、それらのストレスが癒されないままだと、発達の遅れや、性格にも影響する可能性がある。

いずれにしても、「露出した脳」として赤ちゃんの皮膚感覚を大事に育てていくことは、その後の発達に大きな影響を与えることは間違いない。

第2章

感情は「皮膚」でつくられる

イライラ、不安の理由は「肌」にある

判断の決め手は理性ではなく皮膚感覚!?

次に、私たちの心が皮膚と密接な関係にあることについて見ていこう。

例えば私たちは恐怖を感じると、無意識に手や頬をさすって心を落ち着かせることがある。自分の体をなでさすることで皮膚に刺激を与え、その触覚から心を落ち着かせているのだ。

先述したように、皮膚は「露出した脳」である。その皮膚から得られる感覚が、無意識下で感情に影響を与えているのは、疑いようのない事実なのだ。

すでに述べたように、皮膚感覚は想像以上に膨大な量の情報を脳に送り込んでいる。そのため、私たちの感情は無意識のレベルで皮膚感覚に左右されているのだ。

私たちは、日常生活において、何事も理性を働かせて判断していると思いがちである。しかし、これはとんでもない誤解だ。むしろ、ほとんどのことを身体感覚に基づいた直感で決めているといっても過言ではない。

例えばレストランに入り、食べたいメニューを選んだり、ショッピングで服を選んだりするとき、論理的・合理的に決めているだろうか。その日の体の調子や、暑さ・寒さなどの感覚に大きく左右されているはずである。

ここからは、実際におこなわれた数々の心理学の実験をもとに、皮膚感覚が感情に影響を与えている事例をいくつか紹介していこう。

体が温まると、心も温かくなる

体が温まるとほっこりした気になったことはないだろうか。これは気のせいなどではない。

ホットコーヒーを使った有名な実験があるので紹介しよう。アメリカの行動経済学者であるローレンス・ウィリアムズとジョン・バーグによる実験である。

彼らは、実験参加者を実験室に連れて行くエレベーター内で、参加者にホットコーヒー、もしくは冷たいコーヒーを持っていてほしいと依頼した。

実験室に入ったあと、参加者に架空の人物の特徴が書かれたリストを読ませて、その人物の印象について評価してもらった。

すると、ホットコーヒーを持った人とアイスコーヒーを持った人とでは、評価が大きく分かれたのである。

ホットコーヒーを持った人はその人物の印象を、「親切」「寛容」であると評価した。さらに実験の謝礼として「友人へのギフト」と「自分のための品」のどちらかを選択してもらうように依頼すると、手を温めた人の多くは、「友人へのギフト」を選んだのである。

そのあとの実験でも、皮膚を温めた人は人への信頼感が増し、人との対人距離が短くなることもわかった。この実験では、温めた部位はたまたま「手」であったが、どの部位を温めたとしても、結果は同じということもわかった。

また、温かい部屋で遊ばせた子どもたちと、冷たい部屋で遊ばせた子どもたちのうち、それぞれ1人にお菓子を与えて、どんなふうに食べるかを観察した実験もある。

温かい部屋にいた子どもは、お菓子をみんなで分け合って食べたのだが、冷たい部屋にいた子どもは自分1人で食べてしまうという結果になった。

体が温かいと心も温かくなるのは、脳にある島皮質《とうひしつ》と線条体と呼ばれる部分による。島皮質と線条体は、体の温かさを感じると興奮する。この部位は同時に、心理的な温かさにも興奮する部位でもあるので、温かい気持ちを持ちやすくなるのである。

また脳の側頭葉の奥にある扁桃体は、ストレスに反応する部位である。つまり、不安や恐怖など、ネガティブな感情に反応するのだが、体が冷やされたときにも、同様に反応してしまうのだ。

これはおそらく、原始的な反応のひとつなのだろう。体が冷えるということは、すなわち生命の危険とつながっているために、ネガティブな感情と結びつきやすい。だから、体が冷えると人に対して信頼感が持てなくなったり、思いやりの心を持てなくなったりしてしまうのだ。

このように、皮膚の温度の変化は無意識のうちに心に影響を与えているのである。

清潔にすることで罪悪感が軽減する

次に紹介するのは、罪悪感に関する実験である。

まず、実験参加者に、「ライバルの書類をわざと隠してしまおう」という罪悪感を伴う行為を仲間に告げる役目をしてもらう。このとき、その内容を「口で告げる」グループと、

「手紙に書いて渡す」グループに分ける。

そのあとで、「口をゆすぐ」あるいは「手を洗う」ようにしてもらった。すると悪いことを口で告げたグループは、口をゆすぐと罪悪感が軽減されたが、手を洗っても軽減されなかった。同様に、手紙で告げたグループは、手を洗うと罪悪感が軽減されたが、口をゆすいでも軽減されないという結果になった。

つまり、罪悪感を伴う行為をした部位が汚らしく感じられるようになり、その部位を清潔にすると、罪悪感が減ったということなのだ。だから、もしも他人の悪口をいってしまったら、口をゆすいだだけで、後味の悪さは軽くなるということになる。

私たちの日常でも、似たようなことはよくしている。

例えば気持ちがもやもやしてすっきりしないとき、やる気が出ないときなどに、顔を水で洗うと、気持ちがシャキッとして身が引き締まるような気がした経験はないだろうか。

また大きな仕事をする日の朝や、今日は勝負に出ようという緊張感を伴う日、あるいは今までの自分をリセットしたいときなど、朝一番に熱いシャワーを浴びると、生まれ変わるような新鮮な気持ちになることもある。

神道でも、水でケガレを祓《はら》うという考え方がある。神社の鳥居をくぐると、手水舎《ちょうずや》がある。

ここで私たちは手を洗い、口をゆすぐ。これは、神社に参拝する前に、世俗のケガレを落とす意味がある。禊《みそ》ぎという言葉もあるように、日本人の自然観のなかには、もともと水で身を清めるという意識が根づいているのだろう。

やわらかいものに触れると、心もやわらかくなる

肌触りが心の状態に影響することを示した実験もある。

アメリカの心理学者、ジョシュア・アッカーマンらは、通行人64人に、5ピースのパズルをやってもらった。このとき半数には滑らかな布で覆ったピースを、残りの半数には粗いサンドペーパーで覆ったザラザラしたピースを使ってもらった。

その後、全員に宝くじをあげて、それを相手と分け合うゲームに参加してもらった。すると、滑らかなピースを触ったほうのグループの7割は、もらった宝くじを相手と協調的に分けたが、ザラザラしたピースを触ったほうのグループの75%の人たちは、自己中心的な分け方をしたのだ。

つまり触り心地がいいものを触ると、人は無意識のうちに人に優しくなったり、協調的

になったりする。それに対して触り心地が悪いものを触ると、自己中心的になったり、人を思いやれなくなったり、人に対して厳しい評価をしがちになるのである。

また、硬いボールを握ったときと、やわらかいゴムボールを握ったときで、握ったあとのその人の男性性、女性性がどのように変わるか、比べてみた実験もある。硬いボールを握ると、そのときの皮膚に受ける硬さの感覚から、自分のなかの男性性が意識されて男らしく感じたのに対して、やわらかいボールを握ると、皮膚のやわらかさの感覚から自分を女らしく感じたのである。

著者は「軟式テニス」と「硬式テニス」の両方をやったことがあるが、後者のほうが自分を「男らしく」「力強く」感じたことを思い出す。

このように触覚は、その肌触りから得られる刺激と似た心の状態をつくり出すのだ。

これは、ビジネスや人づきあいにも応用できるのではないだろうか。

交渉を成功させたいときや、相手にもっと心を開いてもらい仲良くしたいとき、相手の態度を柔軟化させたいとき、すでに紹介したように「温かい」飲み物を手に持たせ、「やわらかい」椅子に座ってもらうといいかもしれない。

ここまで見てきただけでも、いかに触覚が私たちの心に影響を与えているかがわかるだろう。だから物事を理性的に判断しているように見えても、実際には身体感覚はその判断に大きな影響を与えているのだ。

ここでは触覚にまつわるものだけを中心に紹介してきたが、例えば不快感を催すビデオを見せたあとに、罪を犯した人物の話を読んでもらい、その人に与えたい罰の重さを評定してもらうという実験もある。これは内臓に不快感があると、それに理性的な判断が影響を受けて、より重い罰を与えてしまうということだ。

このように私たち人間が頭で考えていることは、理性的に判断しているように見えて、実はそのときの体の感覚の影響を大きく受けているのであり、あまりあてにならないともいえるのである。

世界中の子どもが持っている「ライナスの毛布」

やわらかい布の感触は、触ると心地よく、老若男女問わず安心感を与えてくれる。子どもの頃、ある特定のぬいぐるみやタオルなど触り心地のいいものを、肌身離さず持っていたという記憶がある人はいないだろうか。

私の知り合いでも、幼い頃タオルを手放せず、ボロボロになるまで持っていた人や、ぬいぐるみと文字通り寝食をともにするほど一緒にいて、白クマが黒クマになってしまったという人もいる。

どの人も共通しているのは、その手触りである。「タオルが汚くてもボロボロでも、そのクタクタになった感触がよかった」「ぬいぐるみのふわふわした毛並みを触っていると安心した」という。

子どもにおこなった実験で、クマのぬいぐるみであるテディベアを触らせたグループと、見せただけで触らせなかったグループに分け、そのあとで不安を喚起させるような話をした。すると、テディベアに触れたグループのほうが、触らせなかったグループよりも、明らかに不安感が低くなったのである。

スヌーピー(『ピーナッツ』)の漫画に、ライナスという少年が登場する。ライナスはいつもやわらかい毛布を引きずるように持ち歩いていて、みんなに嘲笑されるキャラクターである。幼少期に自分の体に心地よい感触の刺激を与えると不安や緊張が弱まり、安心するのは、世界共通なのである。

幼少期にこのような心地よい触覚を求めるのは、なぜなのだろうか。母親の愛情が足りないのだろうか。

実はそうではないらしい。ぬいぐるみや毛布といったものが、母親の代理としての機能を持っているのかどうかを調べた実験があるのだ。

観察してみると、子どもは母親と一緒にいるときでも、ぬいぐるみや毛布を手放さなかった。つまり母親の代理ではないことになる。母親の代理としているのなら、母親がいないときだけ手元に置いて、母親と一緒にいるときは手放すはずだからだ。

幼少期の「ライナスの毛布」は、単に不安を鎮め、安心感を得るために持っているのであろう。

また、日本・韓国・アメリカで、このような「ライナスの毛布」を持っている子の割合を比較したところ、アメリカの子どもがもっとも多かったという。

ハグやキスなど、スキンシップが多いイメージが強いアメリカの子どもに多かったのは意外に思うかもしれない。アメリカの場合、早いうちから子どもの自立を促すため、親は普段は子どもにそれほど触れていないし、寝るときも別室がほとんどだ。そのため子どもは潜在的に皮膚の欲求不満があるのではないだろうか。

大人になってからでは、「ライナスの毛布」を持ち歩くわけにはいかない。しかし皮膚へのやわらかな刺激が心を落ち着かせるのは、大人も同じである。だから、その代わりとして、自分の手で自分自身に触れて安心させようとすることもある。これをセルフタッチというが、詳しくは第3章で述べる。

硬い肌着でストレスホルモンが増加

触れるものが心に与える影響について、こんな実験もある。

九州大学の綿貫茂喜氏らが、3歳から5歳の子どもを対象におこなった実験である。子どもたちに市販の肌着と、25％やわらかさを増してつくったソフトな肌着のどちらかを着てもらい、自由に遊んでもらった。そしてそれぞれを着て遊んだあとの唾液と尿を採取して分析した。

唾液を分析すると、硬い肌着を着たときは、免疫機能が低下することがわかった。具体的には、「免疫グロブリンA」という免疫成分が、実に2割以上も低かったのである。

免疫グロブリンAが低下すると、病気に対して免疫力が弱まることを意味する。

また、尿の分析から、硬い肌着を着たときはコルチゾールというストレスホルモンの分泌量が2割も増え、ストレスが増加することがわかった。

それ以外にも、硬い肌着を着ると体温調節がうまくいかなくなったり、自律神経系にも影響を及ぼし、集中力が低下するともいわれている。


2016年10月から2017年の4月まで放送されていたNHKの朝の連続テレビ小説『べっぴんさん』は、ベビー子ども服メーカー・ファミリアの創業者をモデルにしたドラマであった。そのなかで、ファミリアの原点ともいえる赤ちゃんの肌着をつくるときに、赤ちゃんの肌に触れる素材へのこだわり、縫い目のない仕上がり、ジャストサイズであることの大切さなどが語られていた。

「着心地がよくない」と言葉で伝えることができない赤ちゃんだからこそ、皮膚感覚から得られる「快」にこだわっているということなのだろう。

例えば私たちがやわらかい肌着を着たとき、着た直後は「やわらかいな」「肌触りがいいな」と着心地を意識するが、しばらくするとそんなことすら意識しなくなってしまう。

なぜだろうか。触覚の受容器は4つあり、順応しやすい刺激と順応しにくい刺激がある。振動などの刺激は比較的順応しにくいが、肌着など、軽く触れる程度の刺激への順応性は高いので、すぐに慣れてしまうのだ。

そうであれば、多少着心地が悪くても問題ないのではないか、と思われるかもしれないが、実はそうではない。

直接肌に触れるものだからこそ、その刺激は、無意識下で皮膚を通じて脳に影響を与え続け、もちろん感情にも影響を与えている。

肌着などの衣類はもちろんだが、枕や布団などの寝具も同様だ。とくに寝具は、睡眠にかかわるものだし、長時間、全身に触れるものだ。無意識のうちに睡眠の質にもかなり影響を与えている。

赤ちゃんが求めているのは「食べ物」よりも「肌感覚」

次に、赤ちゃんが肌感覚のよいものにより愛着を持つことを示した、有名なアメリカの発達心理学者ハーロウの実験を紹介しよう。

生まれたばかりの赤毛ザルの赤ちゃんを母親から離して、代理母で育てる実験である。代理母は、針金でできた冷たい「ワイヤーマザー」(針金製の母親)と、同型だが針金の上から毛布を巻いた「クロスマザー」(布製の母親)の2体である。

8匹の赤ちゃんザルを1匹ずつ、2種類の代理母の置かれたケージに入れて育てた。そのうちの4匹は、ワイヤーマザーの胸に取り付けられた哺乳瓶から授乳され、残り4匹は同様に、クロスマザーから授乳するようにした。

すると8匹のサルすべてが、クロスマザーのほうに愛着を示したのである。ワイヤーマザーのケージにいるサルも授乳時以外は、クロスマザーのほうから片時も離れようとしないのだ。さらに、恐れを引き起こすような刺激物(大音量で動くロボットのおもちゃ)をケージのなかに入れると、サルたちはみなクロスマザーのほうにしがみついた。

つまり、赤ちゃんザルたちは、養育者との温かくやわらかい肌の接触を求めていたのだ。たとえ、ワイヤーマザーが授乳によって身体的な欲求を満たしてくれても、それは心の欲求は満たしてはくれない。だから子ザルは温かな肌の接触を必要としているし、それを満たしてくれる相手を愛着の対象にするのである。

このことは、子どもはいかにスキンシップが重要であるかを示している。そして、この実験結果は、人間の愛着形成にもつながる貴重なものとなった。

サルたちは、ミルクよりも肌の感覚が心地いいものを「選んだ」というより、肌感覚のいいものと「愛着を形成した」といえる。人間もまったく同じで、ご飯をつくってくれる人よりも、不安や危険な目に遭ったときにしっかりと抱きしめて、自分を慰め、安心させてくれる人と愛着関係を築く。

ちなみにハーロウたちはその後、クロスマザーで使った布が持つ要素のうちで、重要なものは何かを明らかにすべく、さらに実験を繰り返した。注目すべきは、布をヒーターで体温の高さに温めた場合である。この場合、赤ちゃんザルたちは、それまで以上に愛着を築きやすいことがわかったのである。

つまり、「温かさ」も非常に大事ということになる。

先述したように、母親は、危険なことから身を守ってくれ、しっかり抱きしめてくれる安心感を与えてくれる存在であることは間違いない。しかしこの実験から、そういったいわゆる「母親」のイメージだけでとらえるのではなく、もっと具体的で原始的な行為のほうが大切ではないかとも思うのだ。

母親とは、やわらかく温かい肌で自分の体温を保持してくれる存在。しっかりと抱きかかえてくれる腕を持っている存在。身体感覚的な意味からは、そのようにも考えられるのではないだろうか。

食事をつくってくれることは大切だが、体温の維持も、生きていくうえでとても大切なことだ。だから赤ちゃんはしっかりと抱きしめ、温めてくれる存在に愛着を示すのだ。

虐待が子どもの肌感覚に与える影響

このように、母親の体を拠《よ》りどころとして愛着の関係を築けたとしたら、それはその後の健全な心の発達を保証してくれるだろう。

しかしそのような子どもばかりではない。最近増えている児童虐待である。虐待を受けた子どもはどのような肌感覚を持っているだろうか。

虐待を受けてきた子どもは、他人に触れられることが苦手なことが多い。それは、人に触れられることが痛みや苦痛といった感情と結びついてしまったからである。

先に、肌が温まると心が温かくなる、という実験を紹介した。それは、幼少期に養育者に繰り返しだっこされたり触れられたりした肌の温かい感覚が、安全感や心地よさといった感情と結びついた、一種の条件づけである。

虐待を受けた子どもの場合、この条件づけが成立していない。その代わりに、叩く、蹴る、つねるなどの痛みや苦痛を伴う触れ方でしか触れられていない。すると触れられることで恐怖のように心が凍てつくといった条件づけが成立してしまうことになる。

さらに、虐待を受けた子どもはオキシトシンの面から見ても、独特の分泌のされ方をする。オキシトシンは脳内で分泌されるホルモンであり、「愛情ホルモン」ともいわれている。幼少期に性的虐待を受けていた子どもは、成人後もこのオキシトシンの分泌が少ないのだ。

しかし女性に関しては、ストレスを受けるとオキシトシンが過剰分泌されるようなのだ。どういうことだろうか。

一般的にオキシトシンは、ストレスがあるときにも分泌されて、ストレスによる血圧の上昇などの負の影響から体を守る働きもしている。虐待を受けた女の子は、ストレスを受けたときに、オキシトシンを過剰分泌することによって、誰でもいいから信頼の絆を形成し、自分を守ってもらおうとすることで生き延びてきたのではないか、と考えられている。だから虐待を受けた子ども、特に女の子は性的に早熟なことが多く、本当は信頼できない成人男性を簡単に信頼してしまうようなことがよく見られるのだ。

「痛いの痛いの飛んでいけ」で痛みが軽くなる理由

このように、痛みなどの負の触れ合いというのがある一方で、触れ合いによって痛みを癒すこともできる。「皮膚は露出した脳」ともいわれると述べたが、その名の通り、皮膚に触れることが脳に大きな影響を与えるからこそ、脳で感じる痛みを皮膚に触れることで癒すことができるのだ。そのため触れることで痛みを軽減する体のメカニズムは何重にもわたって進化の過程でつくられてきた。

まずは神経系である。「手当て」という言葉があることからわかるように、痛みのある部分に手を当て、なでたりさすったりすることで痛みがやわらぐのは確かである。

そのメカニズムは、「ゲートコントロール説」で説明できる。ゲートコントロール説のメカニズムは以下の通りである。

痛みを感じ、それが脊髄の神経を伝わって脳に到達するまでのあいだにはゲート（門）があり、ゲートが閉じられているか開いているかによって感じる痛みの程度が異なるというものだ。

例えば皮膚で受けた情報は、触覚や圧覚を伝える太いAデルタ線維を伝って脳に届く。一方、苦痛を起こす痛みを伝えるのは細いC線維であり、これらに伝わる信号の相対的な強さの関係で痛みが決まる。触覚を伝えるAデルタ線維は、痛みを伝えるC線維より速く脳に届く。そのため、触覚や圧覚を伝える太いAデルタ線維を刺激すると、痛みを伝えるゲートを閉じる働きをして、痛みを脳に伝えにくくしているのである。

だから体をどこかにぶつけたとき、思わずその部位に手を当ててなでたりさすったりするのは、理にかなっている。ぶつけた部位をなでたりさすったりして触覚刺激を与えることでゲートを閉め、痛みの感覚をブロックしているというわけだ。

「痛いの痛いの飛んでいけー」は、痛むところをさすることでゲートを閉め、痛みの情報をブロックする。そのうえで優しくなで、痛みが体の外に放出された（と感じる）ことで子どもも不安がなくなり、安心する。するとゲートはさらに閉じるのである。

触れることで痛みが減る第2のメカニズムは、内分泌系である。

これは先に紹介したオキシトシンの働きがかかわっている。痛みが末梢から脳に伝わると、中脳水道周囲灰白質という部分で、痛みを抑制する信号を出す。これが下降抑制系といわれる、痛みが自然に軽くなっていくメカニズムである。オキシトシンは痛みが脳に伝わったときにも大量につくられ、中脳水道周囲灰白質で、下降抑制系を強めるのである。

第3は、触覚の刺激があると、脳ではベータエンドルフィンという物質がつくられる。この物質は脳内麻薬ともいわれ、痛みを感じにくくする働きを持っている。強い痛みに苦しむ患者には、よく医療用の麻薬を使って痛みを抑えることがあるが、触れることでも脳は同じような物質をつくり出すのである。

最近では第4のメカニズムとして、群馬大学大学院の柴崎貢志氏が、神経が伸びていく際に重要なタンパク質TRPV2（トリップブイ2）センサーの働きを解明した。TRPV2センサーは、「さする」などの伸展をうながす物理的な力がかかったときに働き、神経が突起を伸ばすことを助けていることがわかったという。

こうして痛いところをさすると、体は何重もの働きで痛みを抑え込もうとするのである。

孤独は心だけでなく体にも影響を与える

「孤独は皮膚の下に入り込む」という言葉をご存じだろうか。

少し怖い言い回しであるが、これはいろいろな意味で真実である。孤独感を感じているのは、先に述べたような虐待を受けた子どもだけでなく、イジメを受けた子ども、家庭では孤食をしている子ども、仮面夫婦もそうだろう。大学でも「便所飯」をする学生もいるという。さらに最近では多くの高齢者の孤独死も深刻な社会問題となっている。

国内外のさまざまな研究によると、人の幸福は究極のところ人間関係にあるといっても過言ではない。そして人間関係のよさは寿命の長さとも関係があることまでわかっている。

そうであれば、人の不幸も人間関係次第であろう。人間関係から生じる不幸せにもいろいろとあるだろうが、著者はその最たるものは孤独だと思っている。誰からも必要とされないことほどつらいことはないだろう。数あるストレスのなかでももっとも強いストレスのひとつだといってよい。だから孤独は抑うつの原因であり、抑うつは自殺の原因でもある。特に高齢者においては、孤独感が高いことは日常生活能力の低下や、死亡率の増加につながるため、注意が必要だ。

孤独になると、皮膚感覚としてもつながりを持てないことになる。それは本書で述べてきたような、直接的な肌の触れ合いもないし、近い距離に親しい人がいる状態も期待できず、例えていえば、皮膚はエネルギーを感じずに隙間だらけの状態になってしまう。そのような皮膚から孤独感が身体内部に入り込んできて、さまざまな悪影響を及ぼすようになることを表現しているのだ。

皮膚はつながりを持つことができないと、境界としての役割も果たすことがなくなる。すると、次に述べるような2つのレベルで境界としての機能が低下してくるのだ。

第1に、実際の皮膚では、孤独などのストレスを受けると皮膚のバリア機能が破壊されて、さまざまな細菌やウイルスなどの有害物質が侵入しやすくなる。また、皮膚の最下層から新しい皮膚の細胞を生み出して増やしていく過程で、ストレスがあると遺伝子のコピーが正常にできなくなることもわかっている。

第2は、ストレスがあると皮膚の血管が収縮して、皮膚の温度が低くなることである。オランダのイジェルマンの実験でも、参加者にチームで対戦相手と戦うネットゲームをおこなってもらい、自分だけが仲間外れにされて孤独を感じた人は、実際に皮膚の温度が下がることがわかった。皮膚の温度が低下すると、皮膚の上層で皮膚を守ってくれる角質細胞が未成熟のまま表面に押し出され、角質細胞が小さくなるため、保湿成分が保たれず、乾燥して細菌などが侵入しやすくなるのだ。

こうして孤独の悪影響は、まず皮膚のバリア機能を破壊し、身体内部と心の健康状態を悪化させてしまう。表面的にはよくわからなくても、身体内部の状態は確実に悪化しているのである。

紙の本と電子書籍、記憶に残りやすいのは?

前にも述べたように、現代は、テレビやパソコン、スマートフォンなど「視覚重視」の社会だ。目でとらえられるものがすべてであり、目で見えるものしか信じられない、という視覚偏重の時代ともいえる。

実際、触覚に比べて視覚が優位だとされる研究も数多くある。例えば視覚は、離れたものをとらえるために、前方の広い範囲を一目でとらえることができる。

一方の触覚は、そのものに触れている面積は非常に限られている。そのため、もののごく一部しかとらえることはできない。そのような理由で、視覚は触覚に比べて優位だ、と一般的には考えられている。

しかし本当にそうだろうか。確かにものに触れる範囲は限られているが、ある意味、対象物に直接触れて確かめることができる触覚ほど信じられる感覚は、ほかにはないのではないかとさえ思う。

ここまで読んだ方なら、皮膚にはいろいろなものを感知する力があること、それが感情や無意識の心にまで影響を与えていることがわかっていただけただろう。

例えば電子書籍と紙の本を比べてみよう。電子書籍はタップで画面に触れることはあるものの、ほとんどを「視覚」に頼っている。一方、紙のほうは、同じ書籍でも1ページずつページをつまんでめくり、パラパラとページに触れて読み返すなど、「触れる」ことの多い読み方をする。

なんとなく、紙の本のほうが頭に入りやすく、記憶に残りやすいと感じたことはないだろうか。ページをめくったときの感触を覚えていたり、「確かこの本の真ん中あたりにこんなことが書いてあったな」と思い出したりしやすいのは、紙の本ならではの特徴である。

実際、この違いを試した実験もあり、紙の本のほうが記憶に残りやすいという。

ノルウェーの研究者、アン・マンゲンの研究では、参加者に28ページの短編小説を読んでもらい、あとから重要なシーンをどのくらい思い出せるかを調べた。このとき、参加者の半分は電子書籍の端末で、残りの半分はペーパーバックで読んでもらった。

登場人物や設定を思い出すことに関しては、どちらのグループも同程度の成績だった。

ところが物語の流れを再構築するよう頼んだところ、大きな違いが出た。電子書籍で読んだ人は、14に分けたストーリーを正しい順番に並べるテストで、著しく悪い成績だった。

マンゲン氏は、「物語の進行に合わせて紙をめくっていくという作業が、一種の感覚的な補助となるのだ。すなわち、触覚が、視覚をサポートするのだ」という。

記憶とは、まさに情報や知識を本棚にしまっておくようなもので、取り出し方が重要である。記憶という本棚にたくさんの情報が詰まっていても、取り出し方を知らなければ取り出すことはできないのだ。

その取り出し方のきっかけとなるのが、紙の質感だったり、この辺に書かれていたという記憶だったり、文字のかすれ、紙が日焼けして茶色くなった感じだったりする。もちろん、ここには視覚も入っているが、視覚だけに頼るのではなく、できるだけいろいろな感覚が融合しているほうが、記憶に残りやすいのは間違いない。

触覚の根っこは「命に触れる」こと

さて、ここで皮膚が心に影響を及ぼす事例として、「触れる」ことの根源にある意味について改めて考えてみたい。

「触れる」こと、あるいはそこから起こる「触覚」の本質は、実は命に触れることにあると思う。

ある外科の医師から聞いた話がある。

がんの手術を嫌がっていたある患者さんがいた。そこで、その患者さんの手術をする臓器を3Dプリンターでそっくりにつくり、それに直接触れてもらったという。すると、患者さんに少しずつ変化があらわれてきたというのだ。自分の臓器に触れているうちに、だんだん愛おしさが増してきて、さらには生きる意欲が湧いてきたという。そしてとうとう「手術を受けてみます」といったそうだ。

これも、「触ってみる」という行為があってこその効果だと思う。触ることで実感が湧いて、愛情も湧いてくる。触れるからこそ愛おしさが増す。

犬や猫などのペットも同じである。もしペットに触れることもできず、ケージの外から見ているだけだったらどうだろうか。直接触って、毛並みをなでてこそ、より愛おしさが増すのである。

もちろん、人間の親子も同じだ。

大阪大学の皮膚科学の玉井克人教授は、生まれつき皮膚が剥《む》けてしまう難病（表皮水疱症）の子どもは、ほぼ例外なく明るく穏やかな性格であるという。

その理由は、母親が皮膚をケアするために、毎日クリームを全身に丹念に塗ってあげているからではないかと推察している。皮膚のケアが必要だからといって、ただ機械的に薬を塗るのではなく、愛情を込めて塗ることで、子どもの情緒が安定するのだろう。

玉井教授は、母と子の触れ合いで活性化される「スキンシップ遺伝子」というものがあるのではないかと考えている。難病やハンディを背負っていても、明るく元気に世の中を生きる力を生み出すのは、この遺伝子の働きが母親の手のひらに触れられることで威力を発揮するようになるからだと考えている。皮膚のストレスを癒すためにも、母の手で子どもに触れることはとても大切な役割を持っていることがわかる。

またマッサージなどの触覚の刺激があると、細胞内でエネルギーをつくり出す重要な役割を持っているミトコンドリアの数も増えることまでわかっている。

触れることはまさに生命のエネルギーを強め、生きていく力を蘇らせてくれるといっても過言ではないだろう。

年を重ねても触覚は衰えない

先にも述べたように、触覚は人生早期から発達しているが、生涯にわたってあまり衰えない感覚としても知られている。

たとえはよくないかもしれないが、すでに意識もない、臨終間近の人がベッドに横たわっているとする。家族は手を握り、最後の言葉をかける。すでに家族の顔を見ることも、言葉を発することもできないその人も、家族の温かい手は確実に感じているのである。

年をとると老眼や難聴になるなど、徐々に衰えていく視覚や聴覚と違い、触覚は老化によってあまり衰えることがない。むしろ、数㎜の違いも触った感覚でわかる熟練した職人がいるように、年を重ねるごとに研ぎ澄まされていく熟練者も多くいるほどだ。

このように触覚は、人生のはじめから終わりまで、ずっと人間の命を支え続け、その幸福感に大きく寄与している感覚なのである。

しかし、これは部位によってかなり異なることがわかっている。下半身では感覚が鈍くなりがちだが、手や唇に関しては、加齢による変化の影響が非常に少ないのだ。

手と口という2つの部位の触覚が衰えにくいのは、意味深い。

手と口は、私たちが日常生活でもっともよく動かす部位である。また常に多くのものに触れる部位であるため、刺激を与えられ続けていることも大きいだろう。やはり、どんな感覚も、使わなければ衰えてしまうからである。

さらには、人生の終わりまでパートナーと手を握り、キスを愉《たの》しむことができたとしたら、なんと幸せな人生だろうと思う。

年をとればとっただけ、人はいろいろなものや人に触れ、触れられてきた。手はものや人に触れたり、なでたりする部位であり、口はものを食べたり、愛する人にキスをしたりする部位である。いずれにしても愛撫にもっともよく使われる2つの部位が鈍らないということは、人は死ぬまで「触れ合いたい」生き物であるということを意味しているのではないだろうか。

触覚が衰えないおかげで、私たちは年を重ねても、肌の温かさや手の感触を、若い頃と同じように感じることができる。これは明らかに、生きていくうえで人のぬくもりを必要としていることの証左であろう。

第3章

皮膚で「心を整える」方法があった！

この「触れ方」でポジティブに変わる

「触れる機会」が減りつつある現代人

ここまで、「触れる」ことが心や体に働きかけるさまざまな効果について見てきた。ところが残念なことに現代人は、「触れる」機会がどんどん減っている。

仕事ひとつとってみても、メールだけで用事がすんでしまい、何度も仕事をしているのにもかかわらず、直接会ったこともなければ、相手の声も聞いたことがないことさえある。

例えばあるメールがあなたのもとに届くとする。「ずいぶんつっけんどんなメールの文章だな」と思うようなメールの文章でも、相手を知っていれば読みながら相手の顔が浮かぶから、「たまたま忙しかったのかもしれない」と、相手を思いやれることもあるだろう。でも、もしも知らない相手なら、想像上で「失礼な人だ」と腹を立ててしまうかもしれない。

仕事上でトラブルがあったときでも、会ったことがない場合は大事《おおごと》になりやすい。もし顔と顔を突き合わせて仕事をしていたら、信頼関係が生まれやすいのは自明のことである。

もう一度、21ページの図を見てほしい。メールに代表されるようなネット上のつながりの多くは文字情報のやりとりである。だから、まず「頭」で理解する。

そして面と向かって相手と対することは、相手の表情を見たり、声を聞いたりして、「感覚」から入る情報のやりとりである。そしてそれが「感情」を生み出す。

さらに相手と触れ合うことは、皮膚と皮膚の接触であり、より直接的である。つまり、「体」から入る情報だ。皮膚感覚から生まれる感情は、よりダイレクトなものであり、ぬくもりのある感情が生まれやすい。つまり信頼感や親密さ、愛情といった体に根ざした温かい感情である。

実際の実験でも触覚は親密さや温かさともっともかかわりのある感覚であることがわかっている。

アメリカの心理学者であるバーディーンは、参加者に対して、ある人物に3通りの方法で出会ってもらい、その印象を評価してもらった。出会いの方法とは、「身体接触だけ（目隠しをして話しもしない）」「見るだけ（話しもせず、目隠しも接触もなし）」「言葉だけ（接触なし、目隠しをする）」の3通りの方法だ。

つまり、この実験では、同じ人物に「視覚だけ」「聴覚だけ」「触覚だけ」の方法で3回会ったことになる。

結果は、接触だけの出会いでは「信頼できる、温かい」という印象、視覚だけの出会いでは「冷たい」という印象、聴覚だけの出会いでは「距離がある」という印象を持たれることがわかった。

人間関係における触覚は、視覚や聴覚よりも、信頼感を抱きやすい特徴がある。つまり、親密さを伝えるためには触覚が一番ふさわしい。

また例えば実際のレストランでおこなわれた実験では、ウェイトレスが客の注文をたずねる際に、客の肩に触れると、触れないときよりも、食後にチップを多くもらったという。また街中でアンケートの依頼をするときに、相手の肩にそっと触れたほうが、承諾率が上がることもわかっている。

このように、人に触れることは人との距離を一気に縮めるための絶好の方法であるといえる。

皮膚が心地よさを感知するメカニズム

それでは、なぜ人との距離を一気に縮めることができるのだろうか。それは触れることが心地よい刺激であるからにほかならない。そのメカニズムについて考えてみたい。

私たちはどのように触れられたとき、心地いいと感じるのだろうか。

前に述べたように、皮膚には触覚の受容器が4つあるが、それ以外に「C触覚線維」という感情と深いかかわりがある受容器がある。

例えば、触れると心地いい素材というものがある。滑らかだったり、やわらかだったり、心地よい素材に触れると、ついうっとりしてしまう。

第2章でも、硬い肌着とソフトな肌着を身に着けたときの心に与える影響について述べたが、それと同時に、皮膚のどこの部位で触れるかによっても、気持ちよさが違うようだ。

こんな実験がある。

イギリスの神経心理学者グレグ・エシックらは、ベルベット、綿、メッシュを機械に装着し、対象者の顔と前腕をそれぞれ3つの異なる速度（1秒に50㎝、1秒に5㎝、1秒に0・5㎝）でなでた。

すると、ベルベット、綿、メッシュの順に「気持ちいい」と感じることがわかった。やはりやわらかい生地が気持ちいいのだ。

そのほかにわかったことは2つある。どの生地で触れても、腕よりも顔に触れたほうが気持ちよかった。そして、腕、顔どちらも1秒に5㎝ほどの速度で触れたときがもっとも気持ちよく、それより速くても遅くても、気持ちよさは低下してしまうということだ。

「1秒に5㎝ほどの速度」というと、機械的だと思われるかもしれないが、実は私たちは自然におこなっていることが多い。

例えば泣いている赤ちゃんの背中をさすってなだめているとき、優しくマッサージをするときなど、意識しなくてもこの速さでなでていることが多い。私たち人間は、相手を気持ちよくさせたいとき、本能的に1秒に5㎝の速さでなでているのである。

そして、この研究に続くものとして、1秒に5㎝の速さで触れるときにもっとも反応する神経線維が発見された。それが、「C触覚線維」である。

先の実験で、腕よりも顔に触れたときのほうが気持ちよさが増したのは、顔のほうにC触覚線維が多いからなのである。

C触覚線維は1秒に5㎝前後の速さで触れたときもっとも興奮し、それ以上でもそれ以下の速度でも興奮しなくなる。つまりC触覚線維は、スキンシップのように肌をゆっくりとなでるような刺激に反応し、愛情や嫌悪感といった感情を喚起させる働きがあるのだ。

C触覚線維は、高次な知的機能を司る前頭葉や、感情や情動を起こす辺縁系と神経線維の連絡がおこなわれており、多くの大切な影響を与えている。

動物にも魚にもある「C触覚線維」

「C触覚線維」とはどのようなものなのか、もう少し見ていこう。

皮膚から脳へ触覚を伝える経路は神経である。その基本単位はニューロンで、ニューロン同士はシナプスで連絡している。皮膚にある神経線維のうち、先述したようにC触覚線維はゆっくり動く刺激にのみ反応する。

C触覚線維は、ほとんどの哺乳類に存在するようだ。

アメリカ・カリフォルニア工科大学のデビッド・アンダーソンらは、マウスの体毛をブラシでなでで、その刺激がマウスの脳にどのような影響を与えるかを観察した。すると、体毛をなでることで、C触覚線維が活性化し、マウスが快感を得ることがわかった。また、C触覚線維は体毛で覆われた部分にのみ神経が張り巡らされていることもわかった。彼は、動物が互いに毛づくろいするのは、この神経線維を活性化することで、体毛で得られる快感を得ているのではないか、と指摘している。

人間の体も手のひらや足の裏を除いて、多くは毛で覆われているが、人間の場合、C触覚線維が多いのは、顔と腕である。

体に生えている「毛」には、感情にまつわる慣用句が多い。例えば「毛嫌いする」「身の毛がよだつ」などである。動物も、毛づくろいをするのは、心を許した相手だけであろう。それと同じで、人間も嫌いな人や赤の他人に毛を触られると、肌に触られたのと同様の不快感や嫌悪感を覚える。逆に、とくに女性は美容院などで髪に触れられると、普段より会話が弾んだり、ついリラックスして心を開いて話してしまったりする経験があるのではないだろうか。

またフェイシャルエステを好む人も多いが、これは美容的な面だけが理由ではなく、無意識に顔に多く存在するC触覚線維を刺激されて気持ちよくなろうとしているのかもしれない。C触覚線維が多い部位を、丁寧に扱われることの心地よさがあるのだろう。

同時に、C触覚線維はストレスを癒す効果もある。

マウスの実験で、マウスをつついたりしてストレスを与えたあと、ブラシで毛をなでるグループとなでないグループに分ける。すると、前者は後者よりもストレスホルモンであるコルチゾールの分泌が少なく、ストレスによる反応が小さくなっていたという。

また、私のおこなった実験では、参加者に15分間、計算問題をしてストレスを与えた。

「触れる」ことがストレス反応をブロックする

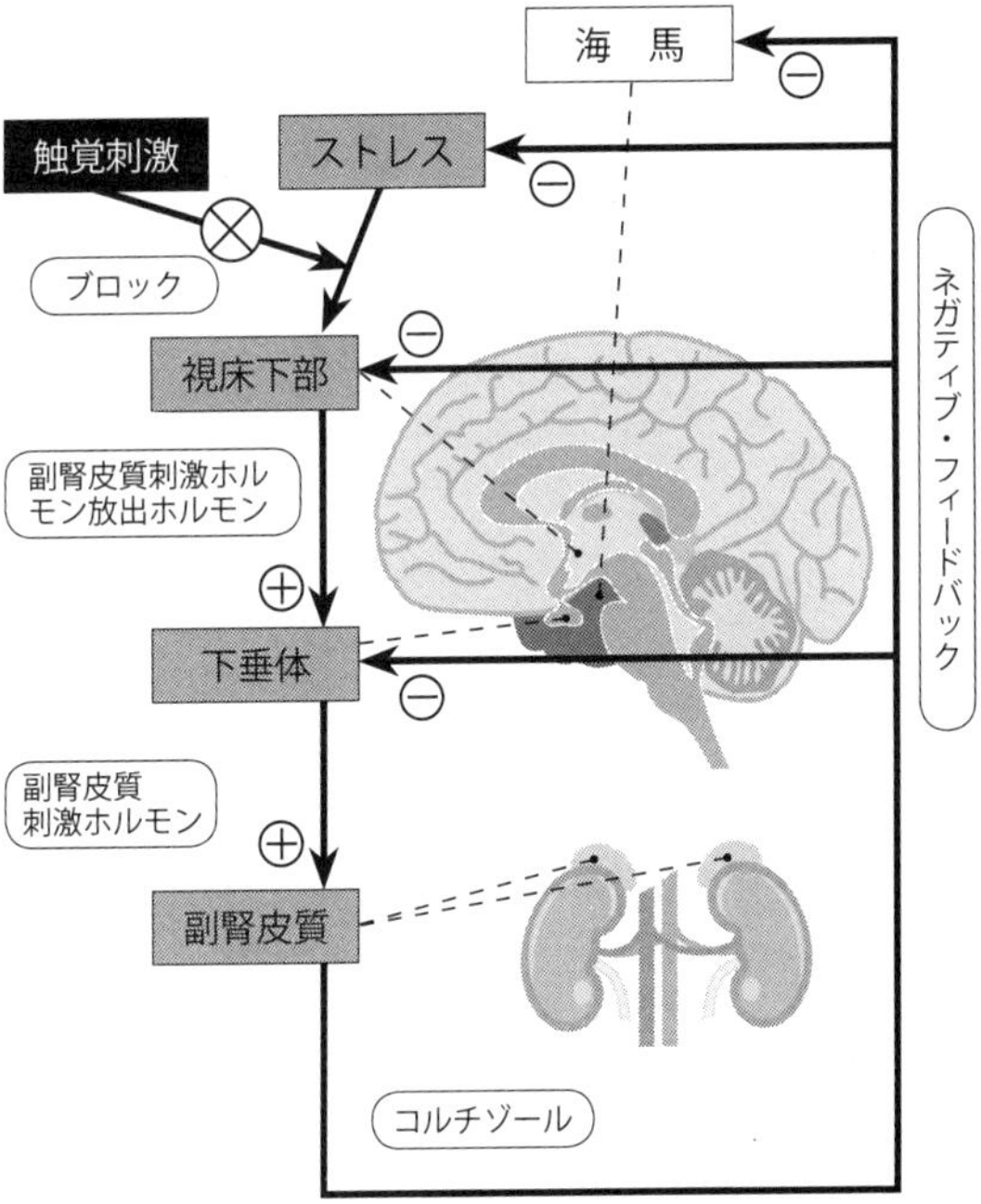

（Ishikawa & Shiga [2012] を元に一部修正）

ストレスがあると、「視床下部→下垂体→副腎皮質」の順に反応が起こり、副腎皮質から出たコルチゾールが血流に乗ってさまざまな臓器や脳に悪影響をもたらす。しかし触覚刺激は最初の部分でその働きをブロックする機能を持っているため、その後のストレスの影響が小さくなるその後、2つのグループに分け、ひとつはC触覚線維の多い前腕をゆっくりと5分間、自分自身でなでてもらう。もうひとつのグループには5分間、何もしないでいてもらう。その後さらに15分間の計算問題をしてもらった。

すると、前腕をなでたグループのほうは、後半におこなった計算問題の作業量が飛躍的にアップしたのである。一方のなでなかったグループは、作業量の回復はあまり見られなかった。

C触覚線維は、自律神経の交感神経と副交感神経のバランスをよくするため、ストレスの回復はもちろん、試験や何か発表をする前などに緊張しているとき、このように前腕をゆっくりなでると緊張をやわらげる効果もある。

ところで、今までC触覚線維は哺乳類にしかないと思われていたのだが、最近、魚にもあることがわかってきた。

とはいえ、魚を人間の手でなでても、かえってストレスが増すだけである。どのように調べたのだろうか。

魚（ゼブラフィッシュ）をまずストレスを感じさせる液体のなかで泳がせた。次にその魚を水流のある水槽を泳がせる群と、水流のない水槽を泳がせる群に分ける。その後、それぞれを同じ条件の別の水槽に入れ、どのような動きをするか観察した。すると、水流のある水槽を泳いだほうの魚は、ストレスホルモンであるコルチゾールの分泌が少なかった。また、魚はストレスが少ないと、水槽の上のほうを泳ぐ性質があるのだが、水流のある水槽を泳がせた魚のほうは、水槽の上のほうを泳いだのである。

以上のように、ゆっくりした動きに反応する触覚というものがあり、それが感情に直結している神経だというのは興味深い。私がおこなってきた身体心理学はまさに動きを研究する学問であり、しかもそれはスポーツなどの速い動きではなく、太極拳やヨガのようなゆっくりした動きを研究対象にしているからだ。逃げたり戦ったりするときの速い動きではなく、ゆっくりした動きには、体にとって好ましい効果をもたらす作用がそもそもあるのかもしれない。

またゆっくりした速さで人に触れれば、相手のストレスを癒すといったポジティブな作用があるのだ。

現代社会は効率を優先させ、スピードがもっとも価値のある概念のひとつになってしまった。そしてその悪影響は家庭のなかまで侵入し、これをそのまま子育てにも当てはめてしまう傾向が強まっている。しかし子どもの成長というのは長い時間をかけてゆっくりしたものであり、決して効率や結果を目標にしてはならないと思っている。

「心地いい触れ方」の5つのポイント

では、人はどのような触れ方を心地いいと感じるのだろうか。

心地いいと感じる触れ方には、いくつかのコツがあるので紹介しよう。

①1秒間に5㎝程度のゆっくりした速度で触れる

先に、1秒に5㎝の速さで触れるときにC触覚線維がもっとも反応すると説明したが、心地いい触れ方とはまさに、C触覚線維を興奮させる触れ方である。

C触覚線維は1秒に5㎝前後の速さで触れたときもっとも興奮し、脳へゆっくりした速度で届き、呼吸や血圧など生きるために必要な部分を司る脳幹や、感情にかかわる扁桃体、自律神経やホルモンの調節を司る視床下部、情動にかかわる島皮質など広い範囲に伝わっていく。このC触覚線維の働きこそ、触れることによって心身に癒しがもたらされる理由である。

このように数字で示すと、意識してしまってやりにくいかもしれないが、先に述べたように、私たちが無意識に相手を思いやりながらなでたりさすったりしている速度は、ほぼ1秒に5㎝前後になっていることが多い。

こんな実験がある。参加者に「人形」「我が子（乳児）」、そして「恋人」に触れさせたときに、それぞれの人がそれらにどのように触れるのかを観察してみた。すると、我が子と恋人に触れるときは、自然に1秒に5㎝前後の速さになっていた。ところが、人形に対しては、ほとんど手を動かさない人、軽くタッピングする人など、5㎝とは異なる触れ方をする人がほとんどだったのである。

このように、相手に対して「慈愛の気持ち」を持って触れると、人間は自然とこのゆっくりした速さで触れるようになるのだ。

慈愛の心で触れると、それが触れられた相手にも伝わり、相手にも慈愛の心が芽生えるだけではなく、身体的にもよい効果があらわれる。

著者は、人の触れる場合に速度を変えて、その効果を確かめる実験をおこなった。

大学生の友人同士にペアになってもらい、一方が相手の背中を1秒間に1㎝、5㎝、20

cmの3種類の速度でそれぞれ触れた。このとき触れられたほうの気分の変化と自律神経の活動について計測した。

すると案の定、1秒間に5cmの速度で触れられた場合にもっとも心地よく感じ、なおかつ副交感神経の機能が高まり、リラックス効果があることがわかった。(左図参照)

②手のひら全体を使って触れる

2つめのポイントは、手を接触させる範囲である。

触れるときは、なるべく手のひら全体を使って触れることが大切である。そのほうが、触れられたほうは心地よく、安心できる。手のひら全体を使って触れられていることで、信頼されている感覚もある。

例えば指先だけで触れたら、緊張感が増し、不安になるのは、なんとなく想像できるだろう。

さするときも、手のひら全体で皮膚を密着させてさすってもらうと、「触れられている」という感覚を感じやすい。

著者の研究室では、エキスパートの看護師と看護学生に、患者の体位変換をしてもらう

「触れるスピード」によって自律神経への影響が変わる

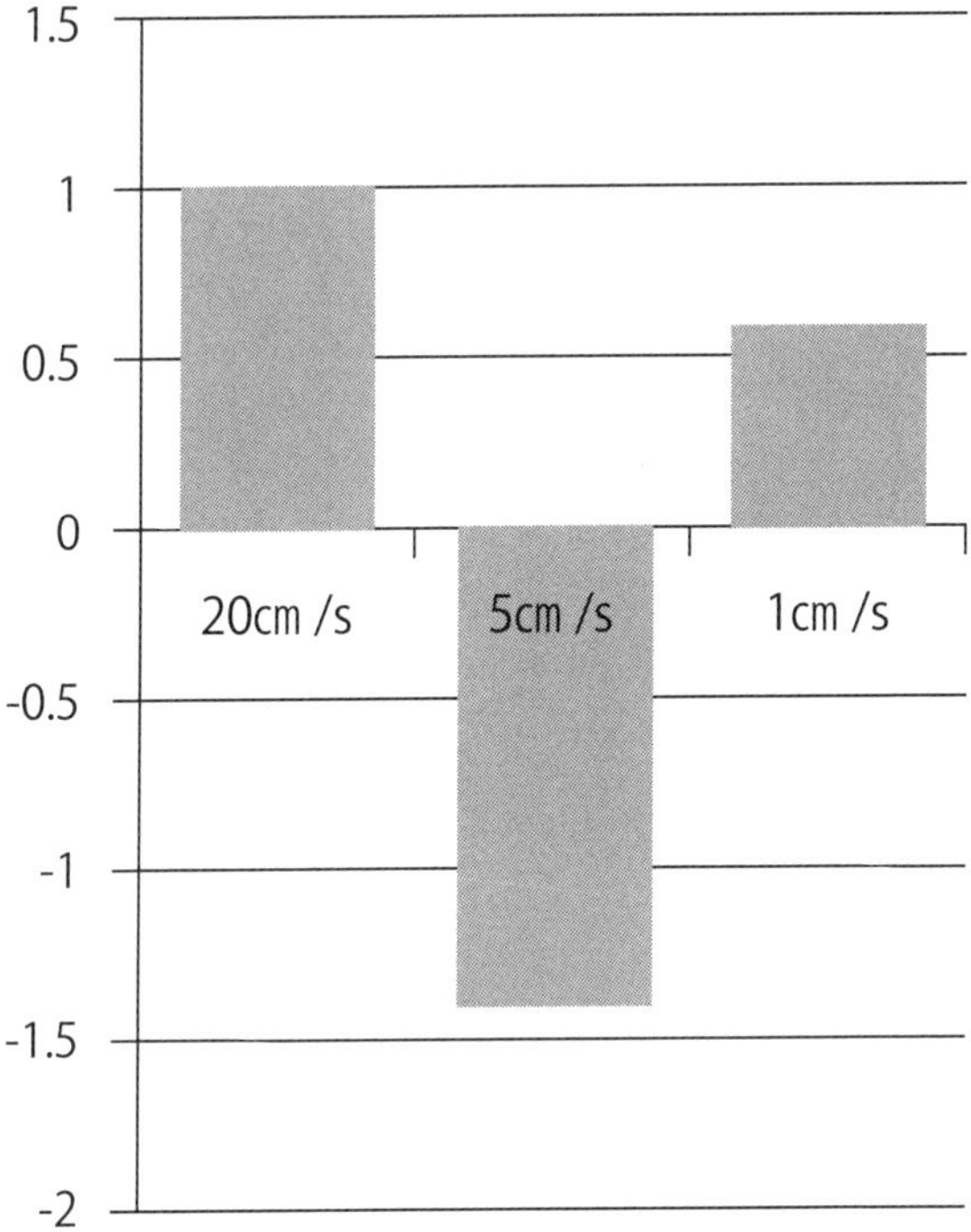

（山口 [2013] より一部改編）

秒速 20cm と秒速 1cm では、交感神経が優位になり、秒速 5cm のときには副交感神経が優位になっていることがわかるときの手にセンサーを付けて、触れる圧について測ってみた。するとエキスパートの看護師は手のひら全体で患者に触れていたのに対して、看護学生は指の付け根から指先にかけてだけで触れていることがわかった。看護学生のような触れ方では、患者は心地よさや安心感が得られず、満足感や自尊感情も低くなってしまう。尊厳をもって触れるためには、手のひら全体を使うことが大切なのだ。

③やや圧をかけて触れる

皮膚の表面を軽くさするのではなく、やや圧をかけて触れるということである。

意外に思われる人もいるかもしれないが、これは実験でも証明されている。単に表面だけさする場合と、しっかり圧をかける場合では、圧をかけたほうがリラックス効果が高いのだ。

アメリカのタッチリサーチ研究所のティファニー・フィールドらは、皮膚を軽くさする場合と、圧をかけながらなでる場合を比較した。すると、圧をかけてなでた場合だけストレスが軽減され、心拍がゆっくりになることがわかった。また、脳波にも変化があらわれた。リラックスをあらわすデルタ波が強くなり、アルファ波とシータ波の活動が弱まったのだ。

赤ちゃんの研究では、このように触れると、赤ちゃんの迷走神経が刺激され、胃腸の運動が亢進《こうしん》されて成長が促されることがわかった。

ちなみに、迷走神経の活動が高いと、不安や怒りなどのネガティブな情動をコントロールでき、日常的にポジティブな気分でいることが多いのもわかっている。だから適度な圧をかけたマッサージを施せば、大人もポジティブな気分でいることが多くなるのだ。

④手を触れるとき、離すときは斜めに

相手に触れるときにパッと垂直に触れたり、離すときに垂直にパッと離すのはよくない。触れられる人によってはインパクトが大きく、侵害的な刺激になってしまう。

相手にインパクトを与えず、いつのまにか触れているようにするには、触れるときは垂直に触れるのではなく、斜めに入るようなイメージで触れることだ。

そして手を離すときも、垂直にパッと離してしまわないようにしよう。せっかく触れ合うことで信頼関係を築いたにもかかわらず、手の離し方ひとつでその信頼関係を失いかねないことになる。突き放されたような、見放されたような離し方にならないように気を使うべきだろう。「離れるのが名残惜しいような感じ」といえばわかりやすいだろうか。

⑤温かい手で触れる

最後に、手の温度も重要なポイントだ。冷たい手で触れられると、せっかくのC触覚線維の興奮も小さくなってしまう。さらに交感神経が活性化し、一気に覚醒してしまう。

手の温かさは、人肌くらいがちょうどよい。

寒い季節などは、どうしても手先が冷えてしまうことがあるが、相手に触れる際には、必ず手を温めておくことを忘れないようにしよう。

温かい手であることは、もちろん第一に相手のためでもあるが、同時に自分のためでもある。第2章で「体が温まると心も温かくなる」という話をした。ホットコーヒーを手に持った人のほうが、アイスコーヒーを持った人よりも人に優しくなれるのだ。だから、手が温かければ、自分も触れる相手に慈愛の心を抱きやすくなる。

こんな触れ方はやってはいけない

逆にネガティブな感情を呼び覚ましてしまう触り方は、前項と逆の触れ方になる。

例えば触れるスピードについて、1秒間に20㎝の速い速度で触れた場合は、交感神経の

心地いい触れ方は「手の角度」がポイント

手を触れるとき　手首のほうから触れていく

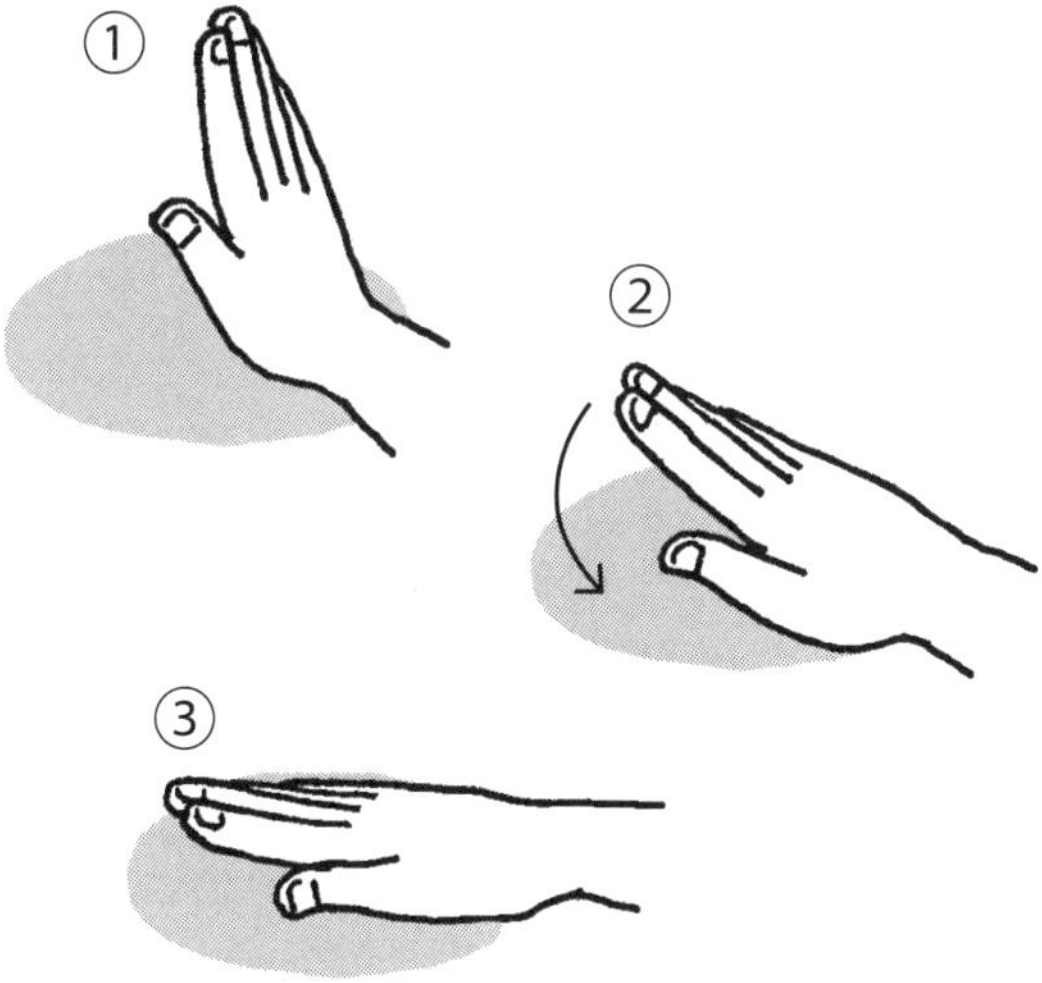

手を離すとき　手首のほうから離していく

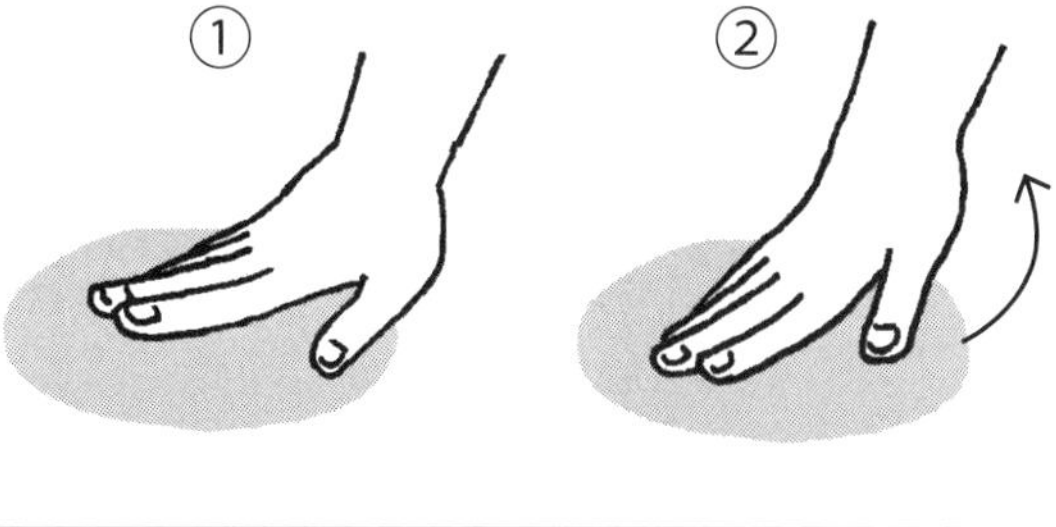

働きが高まり、覚醒度が上がり、緊張感が高まる。

また、繰り返しになるが、いきなり触れたり、急に手を離したりすることも緊張感を増してしまう。冷たい手で触れるのもNGだ。

さらに恋人や親子などの親しい間柄ならともかく、そうでない場合はとくに気をつけなければならない。例えば、夫婦関係にない男女の場合、上司と部下などのケースだ。

女性の部下が男性上司から触れられた場合、それが軽い挨拶程度だとしても、不快に感じることが多いようである。その上司との親しさや信頼関係でも大きく変わってくるが、触れられた側のとらえ方によっては、セクハラとされるケースもある。男同士でも、親密感を無理強いされていると感じたり、上下関係を必要以上に強要させられたりしてパワハラと感じるケースもあるだろう。

もしも触れる必要がある場合は、触れ方と触れる場所に気をつけなければならない。

この点について私が大学生を対象におこなった実験では、相手の肩と腕にそれぞれ「軽く叩く」「なでる」「触れておく」の3種の触れ方をしてもらった。

すると、女性は腕よりも肩に触れられるほうが「快」と感じる度合いが高かった。男性の場合は、肩と腕で差はなかった。また触れ方については、女性は「軽く叩く」タッチには「励まされた」と感じ、「触れておく」タッチには「緊張した」のだ。

女性のほうが、触れる相手の意図により敏感で、触れることにより敏感に反応してしまう。だから親密ではない男女間で触れる必要のある場合は、「肩を軽く叩く」程度にしておくのがもっとも無難であろう。

マッサージなどでも、相手に触れるスタート地点として「肩」から入る場合が多い。施術者も経験上、肩が触れられて一番抵抗がない部位だということがわかっているのだろう。

しかしそういった繊細さを考慮せずに、ただ単に人をもののように扱う店も増えている。また、テクニックに走りがちで、クライアントの反応をまったく気にかけないようなセラピストもいる。しかしクライアントの満足感を高めているのは、決してテクニックなどではない。述べてきたような繊細な触れ方への配慮である。

またマッサージ店などでは、肩こりや腰痛がつらい人は強い刺激を好む傾向がある。男性にも強い刺激を求める人が多いが、このような人は、人の上に立って仕事もバリバリこなすタイプに多い印象を受ける。

しかし、強い刺激が効果が高いとは限らない。強い圧をかけられると、いかにも「マッサージしてもらっている」という感覚から「お得感」があるようだ。

また「痛気持ちいい」という言葉があるが、実際に「痛い」ことは「気持ちよさ」につながる。なぜなら人間の体は痛みを感じると、痛みをやわらげるために、脳のなかでエンドルフィンという麻薬のような物質をつくる。だから実際に気持ちいいのだが、それは必ずしも体にとってはいい刺激ではない。実際に体にとっていいことと、気持ちいいことは違うのだ。

むしろ強い刺激は「もみ返し」などの悪影響につながることもある。もみ返しとは、マッサージによって筋膜や筋繊維が傷つき、炎症を起こしている状態である。もちろん数日すれば治るものだから、深刻なものではないことがほとんどであるが、体が傷ついているのだから、エネルギーはそれを治すことに注がれてしまう。

触れることで、言葉以上に思いが伝わる

触れることは、言葉以上に相手にメッセージを伝える手段でもある。

かつて私は大学の演習科目で体の接触を主眼にした演習を実施したことがある。

2人1組になって、相手の背中に手で触れることでメッセージを「伝える」のだ。メッセー

ジは「励ます」「慰める」「友だちになりたい（親密感）」「嫌いだ（嫌悪感）」といったものである。触れられたほうは、そのメッセージを正確に受け取ったかを当てるのだ。

触れるほうは正確に伝えるために、自分の手に全神経を集中する。受け取るほうも、相手の手に集中し、触覚を鋭敏にさせる。

結果、「嫌いだ」という思いは簡単に伝わるが、「励ます」「友だちになりたい」は間違える場合が多かった。

それでも、私たち人間は、「触れる」ことで言葉にならない感情を伝えることはできる。例えば母親が子どもに「愛しているよ」と言葉で伝えるよりも、優しく子どもを抱きしめることで、その思いは何倍もの大きさで伝わるのではないだろうか。

ポジティブな感情は、言葉や声で耳から入る情報よりも、全身の肌を通して伝わって来るタッチのほうが、確実に相手に届くのである。

「オキシトシン」というもうひとつの癒し

「C触覚線維」以外にも、触れることで心が癒される要素がある。

それが、前にも触れたオキシトシンというホルモンである。

オキシトシンは従来、分娩時の子宮収縮や、授乳時の乳汁分泌を促す働きを持つホルモンとして知られてきた。赤ちゃんが授乳時に母親の乳首に吸い付くことで母親の脳下垂体後葉から分泌され、血液に入ると子宮収縮作用があるため、産後の子宮の戻りを促す。また射乳の作用もあるため、赤ちゃんの声を聞くだけで母乳が出たりする。このことから、今までは出産や授乳など、あくまでも女性特有のホルモンだと考えられてきた。

ところがそれだけではないことが、最近の研究で次々と明らかになってきている。

オキシトシンのもうひとつの注目すべき働きは、神経伝達物質としての働きである。母子の絆や、信頼や愛情といった感情などにかかわっていることがわかったのである。そのため、オキシトシンは別名「絆ホルモン」とも呼ばれている。

２００５年、オキシトシンの神経伝達物質としての働きを最初に解明したスイスのチューリッヒ大学のミヒャエル・コズフェルトらがおこなったこんな実験がある。

大学生たちを、オキシトシンを鼻に噴霧する群と、何の効果もない偽薬を噴霧する群に分けた。そのあと、「投資ゲーム」をしてもらい、「投資家」は自分のお金を「信託人」に預けて儲けが出たら、還元してもらうという内容だ。

結果は、オキシトシンを噴霧した群のほうは、もっとも高い投資額を信託人に預けた人が多かった。それに対して偽薬を噴霧した群はもっとも低い投資額を信託人に預けた人が多かったのだ。オキシトシンの噴霧により、「投資家」と「信託人」の信頼関係が高まったのだ。つまり、オキシトシンの噴霧が、人への信頼性を高めたのである。

これは点鼻薬を使ったユニークな実験だが、オキシトシンを高めるのに点鼻薬を持ち歩くわけにもいかない。

例えば私たちがマッサージを受けているとき、好きな人と肌を合わせているとき、なぜあれほど安らいだ気分になり、幸福感を味わうのだろうか。

その答えがオキシトシンにある。オキシトシンは相手に対して「慈愛の気持ち」を持つことで分泌される。オキシトシンが「絆ホルモン」といわれているのはそういう理由があったのである。

ストレスを軽くするスキンシップの秘密

アメリカのウィスコンシン大学のレズリー・セルツァーが7～12歳の少女61人におこ

なった実験がある。少女たちに聴衆を前にスピーチをしてもらうというストレスを与えるのだ。

実験で3つのグループに分け、1つのグループはスピーチ前に控え室に母親を呼び、抱きしめるなどのスキンシップをして激励してもらった。2つめのグループには スピーチ前に母親と電話で話し、聴覚の刺激によって激励を受けた。3つめのグループは差し障りのない映画を観てもらうなどして、母親からの接触や激励は何もしなかった。

スピーチ後、ストレスホルモンであるコルチゾールの値と、オキシトシンの値を測定したところ、どのグループも、スピーチのストレスからコルチゾールが急激に増加していた。

しかし、母親からのスキンシップがあったグループはオキシトシンの分泌量がもっとも高く、コルチゾールの値も30分後には正常値に戻った。

電話で激励されたグループのオキシトシンの分泌量は次に高かった。最後のグループはオキシトシンの分泌は見られず、コルチゾールの値は1時間後でも正常値より高い状態が続いた。

オキシトシンはスキンシップ開始から5~10分くらいで分泌しはじめるといわれている。相手に慈愛を持って触れたからといって、すぐに出るものではない。じっくり触れることでだんだん愛情が深まっていくのだ。

また、それ以外のオキシトシンの体と心に及ぼす作用としては、血圧を下げる、ストレスホルモンが減る、リラックス効果、鎮痛効果、傷の治りを早める効果、導眠作用、筋肉が若返る効果などがある。

さらに成長ホルモンの分泌を促す作用もある。

未熟児で生まれた赤ちゃんの全身をマッサージしたりタッチセラピーを施したマイアミ大学のティファニー・フィールドの研究では、タッチセラピーをおこなった未熟児のほうがおこなわなかった未熟児に比べて、著しく体重が増加することがわかった。赤ちゃんをなでることで、成長を促す作用もあるのだ。

セルフマッサージで心を整える

では、自分で自分の体に触れるセルフマッサージでも、C触覚線維に働きかけ、同時にオキシトシンを分泌させることはできるのだろうか。

答えはもちろんYESである。

人は不安や緊張が高まったとき、無意識に自分の体に触れることが多い。腕を触ったり、髪の毛を触ったり、鼻の下をこすったり、ほおをなでたりして、セルフマッサージをして心を落ち着かせているのだ。

また私たちは頭が痛ければ頭に手を当て、お腹が痛ければお腹に手を当てる。そうすると痛みがやわらぐからだ。自らの不調に、自らの手で反応している。これが「手当て」の原型である。

人間には本来、自分の心身のバランスを一定に保とうとする機能が備わっており、それはホメオスタシスと呼ばれている。つまり、ホメオスタシスの働きによって不安や緊張などのストレスで崩れた情動のバランスを取り戻そうとしているのである。

それだけではなく私は、セルフタッチをする理由にグルーミング（毛づくろい）の意味合いがあるのではないかと考えている。

人間以外の動物では、グルーミングは転移グルーミングとも呼ばれる。転移グルーミングとは、何かの行動をしたときにそれが何らかの原因で邪魔されたときにとる別の行動のことである。

動物は覚醒状態のときに交感神経が活動する結果、発汗やほてり、皮膚の刺激感や痛み、立毛（鳥肌）などの反応が起こり、これがグルーミングを誘発する。つまり興奮や不安などの感情を発散する行動を取れないと、皮膚の不快感が生ずるのだ。

人間も、不安や緊張などストレスを感じたとき、その不快な感情による皮膚の刺激をグルーミングして鎮めているのではないかと思うのだ。

緊張したときに限って顔にかゆみを感じたり、衣類の刺激が妙に気になったりする経験をしたことがある人もいるのではないだろうか。


さて、セルフマッサージをおこなうときも、C触覚線維が多い顔や前腕をなでるとよい。やり方のコツは、すでに紹介したのと同じで、1秒間に5㎝前後のスピードでゆっくりなでる。腕は手のひら全体を使って、上から下になでると心が落ち着く。

また顔の場合は、毛の流れに逆らわないように上から下へ。クリームやオイルを塗っておこなったほうが効果的だといわれているので、入浴中やお風呂上がりにおこなうのもいいだろう。

セルフマッサージにはメリットとデメリットがある。

メリットは、なんといっても、他者に触れられるのと違って、自分で自分に触れることの抵抗感がゼロということだろう。また触れている皮膚の部位と、自分の手のひらが触れ合うことによる安心感があり、気持ちのいいところは自分で微調整して触ったり、何度も繰り返して触ったりすることもできる。

それに対し、他者から触れられることは多少なりとも抵抗感を伴う。また、触れてほしい箇所や強さなど微妙な調整を言葉で伝えるのがもどかしく思う場合もある。

その一方で、セルフマッサージのデメリットといえるのは、他者から触れられるときの、自分が大切に扱われているという実感、他者とのつながりや信頼から得られる幸福感といった感覚が生まれないことである。相手がいることで、触れる者―触れられる者のあいだにしか生じ得ない独特の現象があるのだ。

マッサージでポジティブな心に変わる

前項で「触れる者―触れられる者のあいだにしか生じ得ない独特の現象」と書いた。

触れることで不安やストレスが癒されることはこれまでも述べてきた。

そこで、ここではプロによるマッサージの心に及ぼす効果について考えてみたい。

心を整えるセルフマッサージのやり方

C触覚線維は顔や前腕に多い。心地よさを感じるには、１秒間に５㎝進むくらいのスピードでおこなうのがポイント。また、クリームなどをつけると滑りがよくなる

フェイスマッサージ

両頬に手を密着させ、頭から足のほうに向かって滑らせるようにマッサージする

前腕マッサージ

前腕にもう片方の手を密着させ、頭から足のほうに向かって滑らせるようにマッサージする

単に疲れを癒す、肩こりを解消するのではない、心に触れるマッサージをおこなっている、いわば「触れる」プロフェッショナル4名を紹介しよう。4名の方にはそれぞれ、今まで施術したなかで、もっとも印象に残っている人を思い出してもらい、そのエピソードについて書いてもらった。

うつで悩んでいたクライアントが回復

河西百合子さん　アロマトリートメント・スポーツアロママッサージ

私は一般の方はもちろん、経営者や専門職の方、スポーツ選手などにスポーツアロママッサージやフェイシャルマッサージなどをおこなっています。

触れることを通して実感するのは、とても信頼してもらいやすいこと。個人的な話をされる方もたくさんいらっしゃいますし、普段は口数が少ない方でも打ち解けて饒舌《じょうぜつ》に話してくださることが多いです。

ある20代の会社員の男性は、上司から理不尽な扱いを受け、うつ病になってしまいました。私のところに来たのは、服薬すれば外出できるようになった頃でした。ところが、持病のアトピー性皮膚炎が悪化してしまいました。「仕事をしていない自分は無価値で、いてもいなくても変わらない。このまま死んでしまいたい」と自分を責めていました。

問診でじっくり話を聞いたあと、お話しされた内容は一切否定せず、私自身の体験談も交えていろいろと話をさせていただきました。すると、それだけでだいぶ気持ちがすっきりとして軽くなられたようで、「施術しなくてもいいくらいです」と笑っておっしゃっていました。でも、せっかく遠方からいらしてくださったのだからと、その方の状態や好みに合わせた精油をブレンドし、普段よりも優しく丁寧に、包み込むような気持ちで施術をさせていただいたところ、アトピーによるかゆみの症状もやわらぎ、気分もとてもリラックスされたようでした。

正直なところ、1回の施術だけでかなりよくなられたように見えましたが、利害関係のない誰かと話をすること、そして施術を受けてリラックスすることが、当時の彼には必要だったのでしょう。結果的に1カ月に1度のペースで3回ほど通われました。

回を重ねるごとに元気を取り戻していきましたが、一番印象的だったのは、帰る際の表情です。本当に晴れ晴れとしたいい表情をされるようになっていきました。

うつ病と診断され精神安定剤を服用していましたが、それもいらなくなり、意欲が持てるようになったようです。その後、就職活動をはじめ、すぐに次の仕事を見つけて社会復帰されたと報告を受けました。

最初は自信を失い、自分自身の存在価値が見出せない状態だったにもかかわらず、そこから夢を持って前向きに行動できるように変わられたことは、私にとっても、本当に喜ばしいことでした。

身体面では、アトピーの症状がやわらいだことで、精神的にも安定し、夜も熟睡できるようになったと聞きました。

私自身も、施術を通して自分の心が安定するように感じている毎日です。

たとえ不安や悲しみなど、ネガティブな感情があったとしても、施術をしているあいだはその感情が消え去り、施術に集中することで、一種の瞑想状態のような心境になることがままあります。

クライアントを少しでも楽にして差し上げたいという一心でやっていると、心が穏やかで静かな状態になり、自然と慈しみの気持ちが湧いてくる気がします。

クライアントさんに触れるときは、冷たい手で触れることや雑な触れ方はご法度と心得ています。

温かい手で、優しく丁寧に触れることが大切です。

体の不調だけでなく心も前向きに変化する
有本匡男さん 「teate セラピー」クラニオセイクラル(頭蓋仙骨療法)系

私は「teate(てあて)セラピー」といって、おもに関節や筋肉に対してソフトなタッチで緊張が緩和するまで手を当てて待つという施術をおこなっています。(ホリスティックヘルスケア研究所 http://holiken.jp/teate.html)

この施術をして実感するのは、私自身が「こうしよう」とコントロールしたり、恣意的なタッチをしたりすると、クライアントがリラックスから遠ざかり、緊張感が高まってしまうケースがあることです。何もしようとしないタッチのほうが、心地よいと感じる方が多いようです。そのような施術がうまくいっているときは、自分自身も瞑想中のような、静かで穏やかな心地よい状態になります。また、受け手も同様に瞑想のような自己の内側、心身の感覚に目を向ける時間を過ごされます。

その結果、クライアントが自身の気づいたこと、湧き上がってきた想いをお話しになることが頻繁《ひんぱん》に起きます。時には、話をされながら涙を流されることや、周囲の人にはほとんど話していないような過去のつらい体験を話してくださることもあります。

接客業の管理職をされている40代の女性のクライアントさんのお話です。

その方は仕事が忙しく、慢性的な冷え性や肩こり、頭痛、全身の緊張感、疲労感が抜けにくいという症状を訴えていました。さらに、責任感からつい無理をしてしまう、リラックスすることができないという状態の方でした。

最初は施術前と後で心身の変化をあまり感じない状態でしたが、月3回くらいのペースで通われているうちに、変化が見られるようになりました。

施術で、ご自身の体に目を向ける機会が増えたことで、自分自身の心身両面の「快・不快」の感覚が、はっきりと自覚できるようになった一方で、それを俯瞰《ふかん》して見られるような心の状態にもなったといいます。

そのうち、「以前ほど仕事でストレスを感じなくなった」「慢性的な緊張を感じにくくなった」とおっしゃるようになりました。

最終的には、身体面では慢性的な冷え、肩こり、頭痛などの不定愁訴が消え、不調が出てきても、早い段階で気づくようになりました。

心理的には、タッチによって安心感が得られる機会が持てたことで、受け身だった性格から、主体的にいろいろなことに取り組むという、前向きな性格に変わってきたとおっしゃっていました。

また、職場や日常での人間関係を俯瞰して見られるようになった分、ストレスをストレスと感じにくくなった、違った対応ができるようになった、コミュニケーションがうまくとれるようになったなどの変化があったようです。そして、そうした変化が意識的に「変わろう」とせず、自然に変わっていったことが興味深かったそうです。

印象的だったのは、1年後、ご自身が改善した体験から、「自分もケアをしたい」と、セルフでタッチケアをおこなうようになり、自分でできるときは自分でケアし、必要なときはメンテナンス感覚で私のところにいらっしゃるようになったことです。

そして、最終的には「ケアをしてあげる側の仕事をしたい」と、職場を辞めて、ケアを施す立場の仕事をされるようになりました。今は、毎日を充実して過ごしているということです。

このように、肉体面、精神面が改善されるだけでなく、社会環境なども主体的に選んで、前向きに行動するようになるなど、総合的に変化していく方もいらっしゃいます。

マッサージで過去のトラウマにアプローチ
花丘ちぐささん　「オーシャニック・タッチ」（トラウマ療法）

私のところにいらっしゃるのは、普段社会生活は営なめているものの、生きづらさを抱えている方たちです。子ども時代につらい体験をされたり、親子の問題を抱えている方、愛着障害を持っている方たちなどがいらっしゃることが多いです。

「オーシャニック・タッチ」という独自の方法で、タッチ技法のほか、気功やレイキ、エッセンシャルオイルなどを取り入れています。（国際メンタルフィットネス研究所　http://i-mental-fitness.co.jp/）

トラウマは体に記憶されていることから、言葉でアプローチするのではなく、環境を整えて、クライアントの体が安全に感じられるように配慮しています。

虐待などの逆境的幼児体験をされている方は、触れられることにとても恐怖を持っています。ですからはじめからタッチを望む方は少なく、最初の5回くらい、長い人では1年くらいは会話を通して信頼関係を築きます。

実際、虐待をされていたような方に施術をしているときは、私自身もとても感情を揺さぶられます。ですからタッチするときは、神に祈るような思いになります。「この方が人生を取り戻すことができますように、導いてください」という思いです。

推測ですが、このようなときは私自身にもオキシトシンが分泌されているのではないかと思います。一種の陶酔感を味わいます。もちろん、冷静さを保つように心がけていますが、タッチをしているセラピストの私自身も、大変深い幸福感を味わいます。

ある50代の女性のクライアントさんは、常に「死にたい」という願望と、全身の痛みと倦怠感《けんたいかん》に悩まされていました。お腹も手足もとても冷えている状態です。また、自責の念にかられ、明け方になると「殺される」という恐怖から眠れない状態でした。

その方は、生まれてからずっと、実母に肉体的・精神的暴力を振るわれていて、母親から否定され続けてきたため、「自分はダメな人間だ」「生きていても仕方ない」と思い込んでいたのです。

2週間に1回、2年間通われましたが、最初の1年半は触れることはできず、言葉を交えたセッションを続け、信頼関係を築いていきました。

タッチをはじめてからは「お腹の底がまだ冷たいんです」と繰り返しおっしゃっていましたが、4回目から「このところ、少しお腹が温まってきました」といいました。そして次のときには、「私ね、この頃『ああ、私はここにいてもいいんだ』って思えるようになってきたんです。なぜかわからないのですが、ふっとそう思うんです」とおっしゃいました。還暦を前にして、やっと「自分は生きていてもいいんだ」と思えたのです。

その方はまだまだ自己回復の途中ではありますが、死にたいといった願望が強く、うつでほぼ寝たきりだった頃に比べ、今ではレストランに食事に行ったり、図書館で本を読んだり、散歩をしたりできるようになりました。

さらには、アルバイトもはじめられ、体の痛みもとれて、食事や睡眠の質も改善されました。

人間関係の面ではまだ自分を責める傾向はありますが、「もうどう思われたって気にすることはないですよね」と、強さも見せるようになってきました。

何よりも、「自分は生きていてもいい」「幸せになりたいと思ってもいい」と、自分の「生」を肯定的にとらえられるようになったことが、大きな進歩だと思います。

母と子のコミュニケーションとしてのマッサージ

中島直子さん　ベビーマッサージ・チャイルドマッサージ

北海道札幌市で親子を対象にベビーやチャイルドマッサージのレッスン、タッチケアの講座などをしています。(HOCORU　http://hocoru.petit.cc/)

手技よりも、触れ方や心持ちを大切にしています。触れる相手をたくさん感じて、自分が心地よくなるタッチで、愛情や母性が湧き上がり、相手が愛しくてたまらなくなります。

ベビーマッサージやタッチケアのレッスンをする前に、それぞれのママに自分のことを話してもらう時間をたっぷりと取ります。

もうすでにその時点で涙を流し、自分の深いお話をしてくれて「来てよかった」「すっきりした」とおっしゃる方がたくさんいらっしゃいます。まだ触れていなくても、タッチをする場では「共感」が生まれ、皆さん心がオープンになるのだな、と感じています。

私は直接施術をするわけではないのですが、我が子に触れているママと接しているだけで心が癒され、愛しさが湧いて、涙まで出てきます。レッスンをしているだけでとても幸せな気持ちになるので、触れなくてもきっと、オキシトシンがたくさん出ているのではないかと思います。

まずはタッチの恩恵をセラピスト自身がたくさん受けて、とことん感動することが大切だと思っています。そしてタッチの効果や可能性を信じることです。

触れることに迷わず、躊躇《ちゅうちょ》しないで触れることも大切です。テクニックよりも、相手を大切に思って優しく触れることで、愛おしい感情が溢れ出てくるように思います。

忘れられないお母さんがいます。その方は妊娠初期にお腹のお子さんが胎児水腫と診断され、医師に堕胎手術をすすめられていました。

でも、胎児の寿命がくるまで妊娠を継続したいと医師を説得し、さまざまなリスクを承知で、覚悟を決め、お腹のなかで生まれてこないことがわかっている我が子を育てていました。

妊娠6カ月頃にマタニティベビーマッサージをしました。マタニティベビーマッサージとは、妊婦さんがお腹の上から我が子に触れる「胎児へのベビーマッサージ」です。

その方は、生きて生まれてこないとわかっているけれど、今はまだ生きている我が子に、お腹の上からたっぷり触れて、とてもとても幸せそうでした。お腹の赤ちゃんも喜んで反応していました。

ママは女神のような顔をしていて「かわいい、かわいい」と何度もいっていました。

マタニティベビーマッサージをした数日後、お腹の赤ちゃんはお空に還《かえ》っていきました。

そのママは上にお子さんがいらしたのですが、この赤ちゃんのおかげで、命の貴さ、上の子への愛情、家族の絆、お母さん自身の存在価値などを教えてもらったとおっしゃっていました。

またマタニティベビーマッサージをしたことで、ただ悲しい出来事などではなく、お腹の赤ちゃんと一緒にいられた時間がかけがえのないものに感じられ、出逢えてよかったと心から思えた、人生を変えてもらったともおっしゃっていました。
その後、確かにそのママはとてもたくましくなり、自分や家族を大切にし、幸せに過ごされています。

「触れる」ことで関係性がつくられる

4名のセラピストの話を聞いてつくづく思う。大切なのはタッチの技術よりも「どんな思いで相手に触れるか」だということを。

例えばつらい思いが本人のなかにあったとき、それを言葉にしようとすると、その体験を再体験させてしまうことになり、さらに傷を深めてしまうこともある。そんなとき、言葉はなくてもただ「触れる」だけで心は癒される。触れられることで、自分が大切にされていると感じ、元気になれることがある。

先に幼い頃から虐待をされた女性の話が出てきたが、虐待はまさに、触れることで相手との関係性を壊す例であるし、ベビーマッサージなどはまだ言葉を発しない赤ちゃんとスキンシップを通して親子のコミュニケーションができ、絆が築かれていく例である。つまり触れることで、絆を築くことも、壊すこともできるのだ。

マッサージをしている側にも変化が起こる

先ほどの4名のセラピストの話のなかでも、クライアントに触れているときに、一種の「瞑想状態」になるという言葉を使っていた。触れている側にも、触れられる側と同じような変化が起こっているのだ。

そこには「触れる―触れられる」という相対する関係があるのではない。触れることは同時に触れられることでもあるのだ。このとき、2つの体は深いコミュニケーションが起こっている。ただ能動的に相手に触れ、受動的に相手に触れられているわけではないのである。これが本当の意味での「触れ合い」なのではないだろうか。

互いが信頼し合い、「触れ合って」いるとき、「触れる―触れられる」という能動と受動の関係は混沌としたものになり、両者は別個の個体を持ちながらも分割しがたい一体感を感じることになろう。

通常、皮膚は自己と他者とを区別するための境界の役割を果たしている。

しかし、触れることでお互いの境界が曖昧になり、皮膚を通して相手を感じるため、体が反応し、ホルモンや自律神経などに変化が生じてくる。こうしてお互いの体が「共振」を起こし、コミュニケーションが深まっていく。「あ、うん」の呼吸ともいうように、呼吸も同調してくる。

共振は、愛し合う2人や親子にだけ起こるわけではない。マッサージによっても起こるようだ。

著者がマッサージをテーマにおこなった実験では、マッサージを受けた人とおこなった人（セラピスト）両者のオキシトシン、セロトニン（後述）の値を測ったものがある。結果、マッサージを受けた人はもちろん、マッサージをしたセラピストも、オキシトシンとセロトニンの値が増えていることがわかった。互いの体が共振した結果であろう。

さらにマッサージをするときは、多少なりとも相手のことを思いながら触れるため、マッサージをしたセラピストのほうがさらにオキシトシンが出ることもわかった。

また、触れられる側も、触れる前に話を聞いてもらっている時点ですでに、「気持ちがすっきりした」といっている人がいることにも注目である。触れなくても、セラピストに心を開きはじめるとオキシトシンが分泌され、信頼関係が築かれるのだ。

指圧でも、「指圧する人」「指圧される人」と対比してとらえがちだが、実際はする人とされる人のあいだに身体レベルでコミュニケーションがなければ深い効果は得られない。指圧される側も、指圧する人の力を受け入れようと体をゆるめなければ深い癒しは得られないだろう。ましてやタッチケアのようなコミュニケーションを目的にしたタッチであれば、相手を信頼せず身を固くして呼吸を止めているようでは、逆効果といってもいいほどだ。

実際に著者の実験で、相手の背中をなでたときの「なでた人」「なでられた人」それぞれの人の気分について調べてみた。「なでる」「さする」「タッピング」の3種類の触れ方で触れてもらい、どのような気分になったかを「緊張」「不安」「抑うつ」の3つの気分で測定した。

結果、なでられた人は、抑うつ気分が顕著に低下したのだが、このとき「なでる人」のほうにも、かなり抑うつ気分の低下が見られた。「不安」についても、なでる人もなでられる人も、同じくらい大きく低下していた。

心地よい触れ方は「このツボを押せば肩こりがよくなる」といったようなテクニックではない。相手に対する思いやりや敬意、よくなってほしいという慈愛の気持ちが込められている点では、どんなセラピストでも共通している。

先に紹介した「心地いい触れ方の5つのポイント」も、言い換えれば「触れる相手を尊重した触れ方」ともいえる。

ただ、触るということはある意味では、相手の心に侵入することでもあるので、触れるまでに長い時間をかける必要があるケースもある。タッチをすることをあせらず、まずは話を聞くプロセスを大切にして、触れる前から相手との絆づくりをスタートしているのだ。

セラピストが相手のためを思って触れると、自分の心身も共振する。相手のためにしたことが、自分のためにもなる。触れると慈愛の心と祈りにも似た気持ち、瞑想状態が起こるのはこのような理由があったのだ。

単に技術がすぐれているセラピストではなく、クライアントと深い部分で体を共振させ、その結果として心の変化ももたらしてくれるのが、本物のすぐれたセラピストだろう。

本当に腕のいいセラピストとは、同時にすぐれた心理カウンセラーでもあるのである。

災害、医療、子育て、介護…「触れる」ことの可能性

この章の最後に、「触れる」ことの可能性について述べてみたい。

先ほどのセラピストの話のなかにうつ病の方の事例があったように、本来、心療内科や精神科に通院し、薬を服用して治療するうつ病などの心の病気も、触れることによって回復に向かうことも少なくない。心の病を抱えている人はきっと、薬以外の何かを求めているということなのだろう。

アメリカなどと違い、日本はまだカウンセリングを受けることへの抵抗感がある。むしろ日本では指圧やマッサージなどのほうが市民権を獲得しているようだ。だから実例にあったように、心の病にも、当たり前のように「触れる」ことによる直接的なアプローチを取り入れられるようになったら、大きな変化が起こるかもしれない。

クイックマッサージをはじめ、ここのところマッサージ店が急増しているのは、単に疲れを癒したい人が増えているだけではなく、触れられることの心地よさを求めているからだと思う。

人と触れ合う機会が圧倒的に減少している現代においても、「触れたい―触れられたい」という根源的ともいえる欲求までも減少しているとは思えない。むしろそういった欲求は増えているのではないだろうか。

人間関係が希薄になり、直接会って相手の肌を感じるコミュニケーションが不足しているからこそ、人と感情を分かち合い、自分の体と相手の体を共振させるような関係を求めているのだ。

また、ベビーマッサージは子どものためにおこなうメリットも大いにあるが、事例を見てもわかるように、母親の心のケアにこそ役立つ。

母親だから、子どもに対して優しい気持ちを持つのは当たり前、と思うかもしれないが、実は逆で、触れるから優しい気持ちになれるのである。

「赤ちゃんのやわらかい肌に触れると、優しい気持ちになる」といわれるが、それは事実なのだ。人は、やわらかくてなめらかな感触に心地よさを感じることは、すでに説明してきた通りである。赤ちゃんの肌は、やわらかくてなめらかだ。だから触れたくなるのであり、触れることでオキシトシンが分泌され、愛情も増すと同時に安らぎや幸福感も得られるのである。

介護や医療の現場でも、マッサージやタッチケアは取り入れられはじめている。

例えばスウェーデンの「タクティールケア」というマッサージ技法は、認知症の高齢者の徘徊《はいかい》や興奮などの周辺症状を抑えるのに有効とされている。

手と背中を、ゆっくりとした速度でマッサージしていく方法である。するとケアを受けた人は、落ち着きを取り戻していく。また認知症の患者は体の感覚も鈍感になっているため、例えば背中をマッサージされると、「自分の背中がどこまでなのか」という感覚を取り戻すことができるというのだ。

同様にフランスではじまった認知症のケア技法として、「ユマニチュード」というものがある。

ユマニチュードは「ケアをする人とは何か」「人間とは何か」という基本命題を根底に置いた知覚・感覚・言語によるコミュニケーションを軸としたケアであり、150以上もの細かい実践技術がある。そのすべてをここで紹介することはできないが、例えば相手の腕に触れて体を起こそうとするときは、腕を上からつかむのではなく、下から支えるようにして触れる。つまり、相手を人として尊重することを理念において接するのだ。

そして触れる前には十分なコミュニケーションをとってから触れる。このように言葉にしてしまえば、とても簡単で当たり前のように思われるかもしれないが、介護や医療の現場では、なかなかできていないことだったのだ。

「セラピューティック・ケア」は1996年に英国赤十字社が開発した手技である。

もともとは病気で入院中の女性にメーキャップなどをすることで回復の助けになるというアイデアから生まれた。そこから発展して、多くの患者にハンドケアを取り入れ、病院やホスピス、老人ホーム、身体障害者施設などに広がっていった。

日本では1999年に秋吉美千代氏によって紹介された。肩や背中、ふくらはぎなど筋肉のなかでも緊張する部分をなでたり、こねたりすることで、循環機能を高め、患者の心理的なストレスや緊張をほぐすことを実践している。

ただ、今の介護や医療の現場を見てみると、多くの施設では、患者に触れ、ともに寄り添うようなスキンシップを主体としたケアをしている施設はまだまだ少なく、さまざまな問題が起きやすくなっているのが現状である。

介護施設などと同じように、タッチケアの広がりを期待したいのがホスピスである。

ホスピスとはおもに末期がんの患者やさまざまな疾患で苦しんでいる患者に、温かなケアを施すことで余命が短い患者が安らかに過ごせるようにする場所である。

アメリカではとくにホスピスでのタッチケアが盛んであり、患者のためだけではなく、精神的にもストレスが大きい医療スタッフのためにタッチケアを導入する病院も増えているようだ。

ホスピスでは患者に触れることで、痛みの軽減はもちろん、それによるモルヒネの使用量の低下、不安の低下、睡眠の改善、ＱＯＬ（人生の質）の向上、苦悩の低減、心拍や血圧の低下、免疫機能の上昇などの効果が見られたことが実験でも明らかになっている。

さらに我が国では、東日本大震災でも「触れる力」を実感した人も多いはずだ。

被災された人のなかには「頑張ろう」という言葉に励まされる一方で、「これ以上頑張れない」と落ち込み、傷つく人も多くいた。そのような場では、言葉による励ましよりも、手にそっと触れ、その人のありのままを受け入れ、すでに十分頑張っていることを認めてあげること、ともに寄り添っていることを伝えることが何より大切だろう。

被災地で触れるケアをしていた人から聞いた話では、マッサージを受ける人に「緊張しているんじゃないの？」と聞いたところ、「全然緊張してないわよ」といいながらも、ベッドに寝ても肩が浮いているほど緊張していたこともあったという。ストレスや不安の高い人は、自分の体の感覚に気づけなくなっていることが多い。そのような人には、触れるケアは心と体を両面から深く癒すことにつながり、生きる力となるのではないだろうか。

4名のセラピストの事例からもわかるように、触れることは、体が変わり、心が変わり、人生までもが変わる可能性を秘めている。

長年のトラウマから解き放たれ、劇的に変わって自分を受け入れることができ、止まっていた人生が動き出し、再び歩き出した人もいる。大げさではなく、タッチには人生を変える力があるのだ。

第4章

「触れる力」が心を育てる

脳内物質「オキシトシン」の効果

夫婦の絆を強くする脳内物質

最近、スキンシップが減ってきたという夫婦の声をよく聞く。日本ほど深刻ではないが、アメリカでも同じような傾向があるようだ。

夫婦のスキンシップを増やすとどのような効果があるだろうか。

アメリカの心理学者、ジュリアン・ホルト・ランスタドは、パートナーの首や肩、頭に触れて相手への情緒の気づきを増やすトレーニングを1カ月間続けてもらった。その結果、トレーニングの参加者はすべて、唾液中のストレスホルモンであるアルファアミラーゼのレベルが低下し、オキシトシンの濃度は高まった。

さらに4週間後には、男性の血圧も低下していた。触れ合うことは、健康にも効果的だったのだ。

さらにオキシトシンは、日常的に触れ合うことで効果が増していく。

アメリカの心理学者、カレン・グレウェンによると、普段からスキンシップが多いカップルは、実際に触れたときにオキシトシンの分泌が高まる一方、普段からあまり触れ合っていないカップルが触れ合っても、あまりオキシトシンが分泌されないことを明らかにした。つまり、オキシトシンの効果を維持するためには、普段からスキンシップを繰り返してオキシトシン細胞を活性化させなければならないのだ。

しかも男性の場合は、女性の2～3倍は触れ合う必要があるという。女性は女性ホルモンの一種のエストロゲンがオキシトシンの効果を倍増させる作用があるが、男性は男性ホルモンの一種のテストステロンによって、逆にオキシトシンの効果を減らしてしまうからだ。

さらにいえば、触れ合うことで幸せをより多く感じるのは男性のほうだという。

アメリカの心理学者、ジュリア・ヘイマンらは、アメリカ、ブラジル、ドイツ、日本、スペインの5カ国の40～70歳代のカップル1000組以上（平均25年間生活をともにしている）を対象として調査をおこなった。

その結果、男性のほうがパートナーとのキスや抱擁などの触れ合いが多いほど、幸せを感じる傾向が強いことがわかった。そしてこのような性的ではない触れ合いは、性的な関係の頻度よりもはるかに幸福度を高めていることがわかったのである。

女性は子どもや女性の友人同士のスキンシップが男性に比べて多いため、スキンシップの幸福感を普段から得やすいのだろう。

とはいえ、長いあいだ触れ合う機会がなかった夫婦に、突然スキンシップを、といっても難しい。そんな人でも、ソファに座って一緒にテレビなどを見ながらくつろぐときにいつもより少し距離を縮めたり、別室で寝ていたのを同じ部屋で寝てみたりすることはできるのではないだろうか。

それも難しければ、まずはお互いの目を見て会話をすることである。また、意識して優しい言葉かけをするのも大切だ。「お疲れさま」と労《ねぎら》いながら、肩をもんでみる。そういう段階を踏んでみるのもいいだろう。

すでに述べたように、信頼し合っていれば、言葉をかわすだけでもオキシトシンは分泌される。全然会話がない夫婦が少し寄り添うだけでも、十分だと思う。

では、性的な意味での触れ合い、セックスではどうなのだろうか。

セックスをすればもちろんオキシトシンは分泌されるが、行為そのもの以前に、触れ合うだけでもオキシトシンは分泌される。もちろん、そこにはお互いに「触れ合いたい」という思いや慈愛の心があることが前提である。

逆にいえば、たとえ好きな人に触れられたとしても、その場の雰囲気や自分の気持ちによっては、オキシトシンが出ない、快の気持ちが起こらないこともあるということだ。

最近、セックスレスの夫婦やカップルが増えているが、夫婦の絆を強くしたいのであれば、セックスそのものにこだわる必要はない。好きな人ともっとスキンシップをすることで得られる幸福感を見直すべきではないだろうか。

とくに妻が求めているのは、感情レベルのコミュニケーションだといえる。1日中子どもの世話をしてくれたことに対する労いや、感謝の気持ちをきちんと伝えることができたら、妻の1日の苦労は報われる気がするのである。次章で述べる「自己膨張理論」で夫のエネルギーも妻の一部になったかのように感じられ、また頑張ろうという気持ちが湧いてくるように接することを心がけたいものだ。単に子どもとかかわってあげれば妻は助かる、というものではないことは、著者自身も痛感している。

子育て中の妻のイライラはオキシトシンが原因!?

これまで多くの研究で、オキシトシンは他者との信頼性を高めたり愛着を強めたりといったように、ポジティブな作用をもたらす物質と考えられてきた。

ところがイスラエルの心理学者、シャメル・トゥーリーたちの研究では、オキシトシンを吸った人は、他者に嫉妬深くなったり、自分の領域に侵入する者に対して攻撃的にふるまうようになることもわかってきた。

この結果については、オキシトシンのネガティブな側面といわれることもあるが、果たしてそうだろうか。最近の研究では、必ずしもネガティブな作用ではなく、違う観点から統一的に理解することができるともいわれるようになってきた。

つまり、「接近—回避」という軸で解釈するのである。

オーストラリアのアンドリュー・ケンプたちの見解では、信頼性や愛着を強めたりするのは、他者への「接近行動」を強める作用である。そして攻撃的になったり嫉妬深くなるという作用も、同様に他者への「接近行動」を強めている、というのである。

確かに他者を攻撃するためには近づく必要があり、嫉妬するのは自分にはなく相手が所有しているものがうらやましくて、何かをもらおうして接近行動を促す。それに対して、不安や恐怖などの情動を感じたときには、危険を感じて相手を回避する行動をとることになる。つまりオキシトシンの作用というのは、不安や恐怖を感じる対象からの「回避行動を弱め」、その代わりに「接近行動を強める」という作用を持つものとして統一的に理解できるのだ。

だから例えば夫が妻の子育てに協力的で、妻の気持ちに共感して労うような「子育ての同志」としてふるまえば、オキシトシンの作用で妻の夫に対する信頼性や親密感は高まるが、逆に夫が子育てに関与せずに好きなことばかりしていて、妻の気持ちを踏みにじったり不安をあおる言動をしてしまった場合、オキシトシンの作用は妻の攻撃性を一気に高めてしまう可能性があるのである。

「接近行動」として妻がどちらの行動に出るかは、夫の日頃の行動にかかっているのである。

親子の愛情が深まり、子どもの情緒が安定する

親子の触れ合いにおけるオキシトシンの効果については第3章でも説明してきた。

ゆっくりと優しくなでることは、母子の関係を安定させる。

ここで改めて子育てにおけるオキシトシンの効果についてまとめておきたい。

・成長ホルモンを分泌させる

第3章でも少し紹介したが、未熟児で生まれた赤ちゃんの全身をマッサージするタッチセラピーを施したマイアミ大学のティファニー・フィールドの研究では、未熟児の赤ちゃんを2つのグループに分け、一方のグループにタッチセラピーを1回15分、10日間にわたり施した。すると、タッチセラピーをしたグループの赤ちゃんの体重が著しく増加したのである。

赤ちゃんをなでることが、成長を促したのだ。なでることによる触覚の刺激によってオキシトシンが分泌されたからである。

・愛情が深まる

触れることによって愛情が深まり、慈愛の心が生まれることは、すでに紹介してきた通りだ。

母親になでられるなど、親の愛情を多く受けた子どものオキシトシンの量は、母親の愛情を受けずに育った子どもに比べて高いという報告があるが、これは父親も同様のようである。

母親が出産してすぐに父親が赤ちゃんをなでると、我が子への愛情が深まり、育児スイッチがオンになるという。父親も「男性脳」から「父親脳」へ変化するのである。

またイスラエルの心理学者、フェルドマンの実験では、未熟児で生まれた赤ちゃんを2つのグループに分け、一方はカンガルーケアを1週間続け、もう一方のグループは通常の処置をおこなった。そうして赤ちゃんたちが10歳になったときにどんな違いがあるかを比べてみた。すると10歳になったとき、カンガルーケアを受けたグループの子どもは、受けなかった子どもよりも、ストレスホルモンのコルチゾールの値が普段から低く、1日あたりの母親とコミュニケーションする時間が長いことがわかった。

これらはいずれもオキシトシンの影響であり、生後すぐの触れ合いの影響はずっと長続きすることがわかる。

・性格が穏やかになる

著者の調査になるが、小学校4年生と高校2年生にアンケート調査を実施したことがある。各々の生徒に、攻撃性を測る尺度を、生徒の養育者には乳児期に子どもにどれくらい触れたかを、9項目の質問でたずねた。

分析した結果、子どもが成長したあとも、乳児期の親子のスキンシップの影響は残っていることがわかった。乳児期にスキンシップが多かったと回答した保護者の子どもは、一様に攻撃性が低かったのだ。

このことから、赤ちゃんの頃に触れることは、その後の性格にも大きな影響を与えるほど大切なものだとわかる。

・学習や記憶を促す

これも著者の研究だが、小学生に自画像を描いてもらい、それぞれの子どもの知能指数を出してみた。すると、家庭でよく触れられている子どもは、あまり触れられていない子どもに比べて、知能指数が高いという結果が出た。

数値は4ポイント程度の差なので、それほど大きくはないが、触れられることでオキシトシンが分泌され、学習効果を高めたためだと考えられる。

また同時に、子どもが描いた自画像を分析したところ、家庭で触れられた子どもほど自尊心が高いこともわかった。なでられるという肌の感覚から、子どもが自分自身を大切に思い、価値ある存在だと思えるようになるのだろう。

だから幼少期にたくさん触れられた子どもは、性格が穏やかで、将来にわたって情緒が安定し、ストレスにも強い子どもになるのだ。

1～2歳の子どもの脳はだっこで育つ

オキシトシンの受容体は2歳くらいまでにはほぼ決まってしまうため、この時期までにたくさんだっこして絆を強めることが重要だ。

一方でこの時期に子どもをだっこすることで、母親のほうにもオキシトシンがたくさん分泌されるため、それまでの「女性脳」が「母親脳」に変わっていく。

母親脳に変わると、例えば子どもが泣いて訴えている理由がわかるようになったり、子どもを自分よりも優先させて守ろうとしたりするようになる。これらはいずれもオキシトシンの作用によるものだ。

もちろん、この時期にたくさん触れられなかったら一生絆を築けないわけではない。どの時点からでも信頼関係を取り戻すことはできるが、遅くなるほど時間がかかるということとなのだ。

2歳くらいまでの触れ合いが大切だというと、現代の働くお母さんたちは途端に不安そうな顔をする。今は0歳代、1歳代から保育園に預けて仕事復帰する母親が多いからである。

でも安心してほしい。触れ合う相手は母親でなければいけない、ということはない。子どもは、数人の大人に対して愛着の絆を築けるといわれている。だからむしろ大切なのは保育の質である。

家庭で母親とだけ密度の濃いかかわりをするだけでなく、父親や保育士さんなどとも愛着の絆は築ける。

保育士さんと愛着関係を築いてしまうと、母親と愛着関係が築けないと心配する人もいるが、逆である。保育士さんとも愛着関係を築ける子どもが健全なのだ。そしてそのほうが結果的に、母親とも愛着関係を築きやすくなる。

そういった意味では、乳児期の保育園では、できるだけ保育士と子どもが1対1に近い状態でかかわれる環境が望ましいだろう。

「触れない育児」が引き起こす悪影響

かつてのアメリカでは、触れない育児法が推奨されたことがある。愛や慈しみなど、情緒的なものは与えず、理性的判断に基づいて接するべきだという。子どもを抱いたり、かわいがったりしてはいけないというのだ。

このような育児法で育った子どもはどうなっただろうか。すべてがこの育児法が原因とはいえないが、例えば、不安や抑うつが非常に強い、他人と良好な人間関係が築けない、感受性に乏しい、周囲のことに関心が持てないなどといった子どもが増え、成長後もさまざまな問題を起こすようになったという。

それに対して日本の育児は、昔から「触れ合う」育児である。

家事をするときもおんぶをしていたし、川の字になって添い寝をしていた。

しかし、戦後は一時的に「赤ん坊が泣いても自立を促すためにだっこをしてはいけない」といった欧米からの育児法が取り入れられた時期があった。

その後、アメリカも日本も、紹介したようなカンガルーケア、タッチケア、ベビーマッサージが流行し、触れ合うことの大切さが再認識され、現在に至っている。

その一方で、現代は便利な道具が増えたため、「触れずに育児」ができる世の中でもある。移動はベビーカー、家ではバウンサーで寝かしつけ、子守りはテレビやDVD、スマートフォンに任せてしまうこともある。「ワンオペ育児」という言葉があるが、母親が1人で仕事も家事も育児もしているような場合は、子どもにきちんと触れられないだろう。一方で、このような道具が、母親の負担を減らしている恩恵も否定できない。

ワーキングマザーの場合、子どもが1～2歳までは母親や父親ができるだけだっこや触れ合いを増やしてあげることが望ましいし、それに限度があるとしたら、質の高い保育を提供してくれるような環境を選ぶことも大事だろう。

自閉症の子は脳のオキシトシンが少ない

発達障害の子どもにも、タッチは効果がある。

そもそも自閉症スペクトラム障害（多様なバリエーションを持った自閉症の総称。以下、「自閉症」と表記）の子どもには、オキシトシンが分泌されにくいことがわかっている。

これは遺伝的に脳内のオキシトシンの分泌量が少ないからである。

だから東京大学などの研究グループのように、オキシトシンを鼻に噴霧して吸わせ続けると、他者の表情がわかるようになるなど、おもに社会的な症状が軽減することになる。

もちろん、これまで述べてきたように、わざわざオキシトシンを噴霧しなくても、たくさん触れることでオキシトシンは分泌される。

むしろ、人工的につくられたオキシトシンを脳に入れ続けていると、その効果が衰えてしまうという報告もある。だからこそ、触れ続けることで自らオキシトシンをつくる力をつけるのが重要なのではないだろうか。

私が1年かけて実験をしてみたところ、軽度の自閉症の場合は、触れることでオキシトシンが分泌され、タッチを定期的に続けていくと自閉症の症状も軽減された。さらには、母子に信頼関係が生まれ、育児のストレスが軽くなる効果が見られた。

ただし、結論からいうと、効果が見られたのは軽度の自閉症のケースで、自閉症の症状が重い子どもにはタッチの効果は見られなかった。自閉症の症状が重い子どもの場合、そもそも肌に触れることが困難であることが大きな理由だと思われる。

ＡＤＨＤの子どもも変わるタッチケア

タッチケアをすることで、ＡＤＨＤ（注意欠陥多動性障害）など問題行動の症状が軽くなることは、私の実験からも明らかになっている。

保育園児約１００名に対して、各クラスの担任に、望ましくない行動（例えば友だちとすぐけんかをする、癇癪《かんしゃく》を起こしやすい、注意散漫など）を評定してもらい、問題行動が多い子どもを６名選んでもらった。その子どもたちを３名ずつ２グループに分け、ひとつのグループにはスキンシップを多くとり、もう一方のグループには普段の遊びをしてもらった。

週３回１時間ずつ、３カ月にわたって続けたところ、スキンシップを多くしたグループでは、目に見えて望ましくない行動が減るなど、大きな変化が見られた。

なぜスキンシップで問題行動が減ったのだろうか。

おそらく、問題行動が多い子どもは、普段から親にも叱られたりすることが多いため、十分甘えられず、スキンシップが足りていないのではないだろうか。

親との愛着関係が築きにくいと、友だちにも思いやりの心を持てなかったり、自己中心的な行動になってしまうのだ。つまり、皮膚レベルでの欲求不満なのである。その欲求がスキンシップで満たされることによって、問題行動は著しく軽減したのだろう。

この実験でも明らかなように、スキンシップへの欲求は母親や父親ではなくても、ほかの大人や友だちとでも満たされる。たくさん触れ合うことで情緒も安定してくるのである。

実際、子どもに発達障害などがあると、どうしても療育や薬に頼りがちである。だが、そもそも母子関係が安定していないとなかなか改善しない現実がある。

先日、拙著を読んだという母親から手紙をいただいた。お子さんは重度の心身障害だという。

その方は私の本を読んで、子どもを療育施設に通わせず、とにかくスキンシップを増やすことを心がけたそうである。すると、生まれたときには同じような症状を抱えていたほかのお子さんたちと5年ぶりに再会したとき、驚いたことに明らかにほかのお子さんとの違いが見られたそうだ。ほかのお子さんは落ち着きがなく大変そうなのに、そのお子さんだけは落ち着いていて、友だちとも仲良くすることができたというのだ。触れる効果のすばらしさを伝えたくて、感謝の手紙を書いてくださったのだ。

また、看護師さんで、重度心身障害のお子さんにタッチケアをしてあげると、症状が軽くなるという研究をされている方もいる。湯川智子氏は、水頭症や脳性麻痺《まひ》などの子どもたちにタッチケアを5分間おこなったところ、副交感神経が優位になってリラックスし、また血流もよくなる効果が認められた。

実際、心身障害児や発達障害の子どもに対して、母親がどのように接したらいいのかわからないという話をよく聞く。

しかし言葉のコミュニケーションがうまくできなくても、タッチであればほとんどのお子さんは喜んで受け入れてくれる。そしてそのような心地よさを与えてくれる人に対して、意思を表示するようになったり、言葉で伝えたいという思いが強まって、何とか話そうとしたりといった変化が見られるようになったという話も聞いたことがある。

タッチはすべての子どもたちを幸せにする魔法のツールなのだ。

触れられ方の好みは人それぞれ

ここまで、触れることのメリットについて解説してきた。

触れることで子どもの落ち着きのなさが少なくなったり、穏やかになるのは間違いない。ただ、どんな子にもむやみにスキンシップをすればいいというわけではない。また、どんな子にも同じように触れればいいというわけでもない。

スキンシップの好みには個人差がある。

しっかりだっこするなどベタッとした触れ方が苦手な子どももいれば、くすぐりなどの刺激的なスキンシップが好きな子もいる。

実際、我が家の娘2人と接していても、違いを感じている。長女はあまりベタベタしたスキンシップを好まない。幼い頃から、比較的あっさりとしたスキンシップやくすぐり遊びを好んでいた。

一方の小学生の次女は、小さい頃だっこしているときには、ぴったりと体をくっつけてきて、吸い付くような密着感を求めた。

同じ家庭で同じように育てていても、触覚に関する感性は違うのだ。

「親子の絆をつくるためには、10分以上の触れ合いが大切だ」

「触れ合いの度合いを増やさないとオキシトシンが分泌されない」

などという知識から、ベタッとした触れ合いが苦手な子に対して、ぎゅーっと抱きしめていたらどうなるだろうか。おそらく嫌がられるであろうし、子どもにとってはストレスになるかもしれない。

もちろん、子どもは誰でもスキンシップを求めていることに変わりはない。それは大人であっても同じだ。

要は、触れるのを必要としている子どもに対して、その子が触れてほしい触れ方で触れる、ということになる。

もうひとつ大事なことがある。それは子どもにとって境界の感覚をきちんと育むことだ。

「境界の感覚」を育むことの重要性

次ページの漫画をご覧いただきたい。幼少期にスキンシップが満たされなかったというこの筆者は、世界と自分との境界線をぼやかして生き延びてきたという。しかし成人後はそのことが苦しみの原因になってしまった。境界線が曖昧なため、「弁当箱が臭い」といわれたとき、「私が臭い」といわれたように感じてしまったという。

子どもは多かれ少なかれ、自分と環境との境界が曖昧である。境界の感覚が曖昧だと、

akko「わたしはだんだんわたしになる」https://note.mu/akkoinkolove

皮膚感覚さえも変えてしまうほどの影響を持っている。

例えば「くすぐったい」という感覚を感じられるのは、自他の境界がはっきりしていることが必要だ。その証拠に、赤ちゃんは生後半年ほどは、自分と母親とを「同じ」人間だと感じているため、母親が赤ちゃんをくすぐっても、「自分で自分をくすぐっている」感覚を持ってしまうため、くすぐったさを感じて笑うことはない。

大人でも、嫌いな人に触れられると「鳥肌が立つほど嫌だ」という感覚を持つが、これも相手に対して境界感覚を強く持ちすぎているからだといえる。自他の境界の感覚は、皮膚感覚と密接な関係があるのだ。

ところがこの漫画の筆者も、幼少期に祖父に優しく抱きしめられた記憶は持っている。抱きしめられることで自分の皮膚に心地よい圧がかかる。そのことが自分が「いる」ことの根拠を確かなものにしてくれるという。

人が世の中に「存在している実感」というのは、実のところ皮膚感覚などの体で感じられる感覚から生まれるものなのだ。だからこそ、子どもには適切な触れ方で心地よい感覚を皮膚で十分に感じてもらうことが、根源的なところで、生きている実在感を醸成するために必要なことだといえる。

私には
とてもとてもとても優しい
祖父がいました
祖父は私の身体を
宝物のように
扱ってくれました
遠方に住んでいたので
一年に一度しか
会えませんでしたが
それでも
祖父とのかかわりが
幼少期にあったからこそ
今の私があります

祖父に抱きしめられながら
私はいろいろ
考えたり感じたり
していたのですが
いくつか記憶しているうちの
ひとつが…
わたしって
「いる」んだなぁ

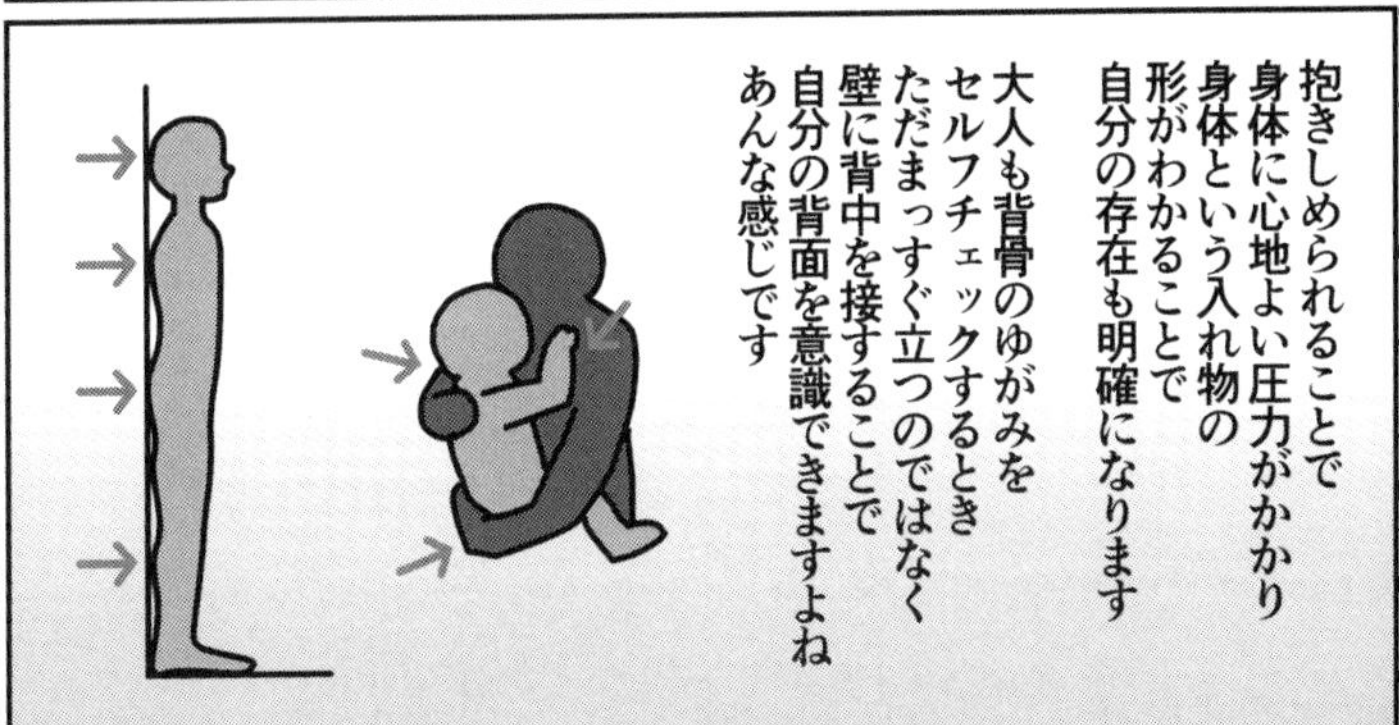
抱きしめられることで
身体に心地よい圧力がかかり
身体という入れ物の
形がわかることで
自分の存在も明確になります
大人も背骨のゆがみを
セルフチェックするとき
ただまっすぐ立つのではなく
壁に背中を接することで
自分の背面を意識できますよね
あんな感じです

akko「わたしはだんだんわたしになる」https://note.mu/akkoinkolove

このあたりのことをもう少し見ていこう。

次ページの図Aは触れられた経験が少ない人が持ちやすい境界の感覚である。これは「鎧《よろい》の皮膚」とも呼ばれる状態である。例えば引きこもりや虐待を受けた人、対人恐怖など、他者や社会との接触を断って、自分の殻に閉じこもっている人が持ちやすい境界感覚である。

それに対して図Bの場合は、「脆《もろ》い皮膚」ともいわれる状態で、境界の感覚が曖昧になっている。この場合、「自分」という感覚が希薄になり、他者から過度に影響を受けやすくなり、相手と自分の境界がはっきりしていない状態である。例えば過保護な親が子どもと一体化している状態や、先の例のように「自分」を持てないために、相手の気持ちを優先しすぎてしまう境界感覚である。

これら2つの状態は、どちらも極端な例の両極であるが、健全な境界感覚はこれら両極のあいだを揺れ動いている。初対面でどんな相手かわからないときは「鎧の皮膚」を持って用心深く接するが、親しい人とは腹を割って交流するといったことである。

「鎧の皮膚」と「脆い皮膚」

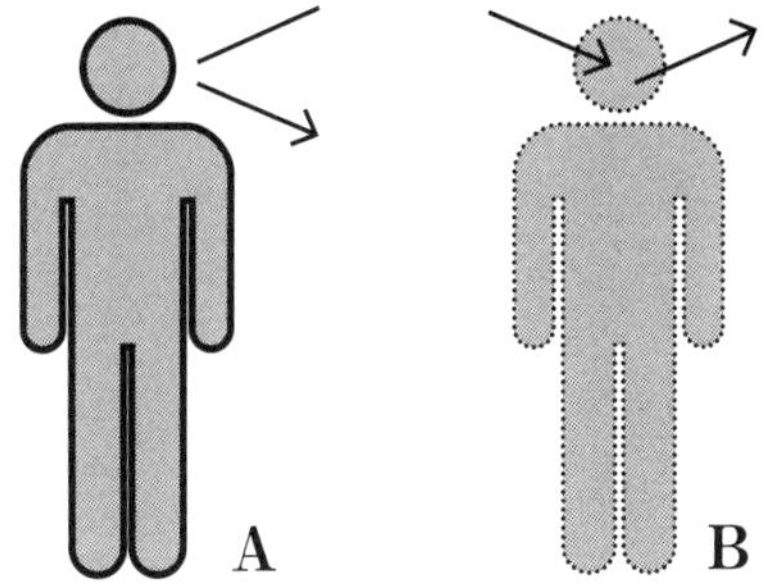

人は幼少期に境界である皮膚に優しく心地よい刺激を豊富に受けることで、適切な境界の感覚が生まれ、はっきりとした自己の感覚を生み出すことができる。それは成人後には人とのあいだに一線を画するような適切な境界を設けることができ、そして今度は他者の境界を尊重することができるような人間関係を築きやすくなると思う。

実際に著者の研究でも、健常な大学生と、心理的な不適応が原因で心療内科に通院している患者とで、過去に養育者にどのくらい触れてもらったか、という調査をおこなったことがある。すると、心療内科に通っている患者は、とくに幼少期のスキンシップが圧倒的に不足していることがわかった。

その原因は、ここに述べたような皮膚を通して境界の感覚が十分に育たなかったことが一因だと考えられる。

スキンシップが多い子どもは学力が高い

ＯＥＣＤが実施している、子どもの学力を共通の物差しで比較するＰＩＳＡ学力調査の結果が毎年公表される。結果を見ると、毎年フィンランドが上位に上がり注目されている。フィンランドの教育では、何が学力を高める要因になっているのだろうか。さまざまな調査によると、フィンランドでは家庭でも学校でもスキンシップが多いことも特筆される点だという。

共働き家庭が多いフィンランドでは、家庭では少しでも時間があれば子どもに触れて積極的に愛情を伝えているという。父親も育児には積極的に参加し、夫婦間のスキンシップも多いという。子どもにそのように触れて十分な愛情を示すことで、子どもの情緒は安定し、それが落ち着いて勉強できる土台になっているのだろう。

ただ興味深いことに、子どもがスキンシップを求めてきたときには、十分に抱いてスキンシップをする一方で、子どもがそれ以上に過剰に甘えてきたときには、体をそっと離して反応しないのだという。こうして対人関係に節度が大事だということを教えるのだそうだ。子どもを「甘えさせる」ことは大事なことではあるが、節度を越えて「甘やかす」ことがよくないのは、スキンシップでも同じだ。

子どもの年齢によっても、子どもの個性によっても、必要なスキンシップ量は異なるだろう。親にとっては「甘えさせる」のと「甘やかす」の区別を見極めて、十分に触れて愛情を示すことが大切となるだろう。

いずれにしても、学力などの知的能力が伸びるための基盤には、スキンシップを通した情緒の安定や、親子の愛着の絆といった極めて情緒的な部分が何より先に必要になってくるのだということは、確かだと思う。

思春期の子どもの「触れ方」にはコツがある

子どもとの触れ合いの大切さを説いたとき、よく相談を受けるのが、思春期の子どもとの触れ方である。

とくに男の子の場合は、極端に触れられるのを嫌がるケースが多いようだ。

とはいえ、本当に触れられるのが嫌なのかというと、そういうわけでもない。思春期は、「触れられたい」という欲求はまだ強い時期なのだ。

ただ同時に、親から自立したい、自分の力で何かをしたいという気持ちが芽生える時期でもある。これがいわゆる反抗期である。

そういった、まだ依存したい気持ちと、自立したい気持ちが揺れ動く難しい時期が、思春期といえるだろう。

だから、親としては「触れられるのを嫌がるから、もう触れないで放っておこう」とは思わないでほしい。やはり、子どものなかにある「触れてほしい」という見えない欲求も満たしてあげなければならないと思う。

では、どうすればいいのか。大切なのは「触れ方」と「触れるタイミング」だろう。

もちろん、親のほうからベタベタ触るのはやめるべきである。子どものほうからスキンシップを求めてきたとしても、赤ちゃんや小さい子どものときと同じような扱い方をするのは避けるべきだろう。

子どもにとって、この時期にベタベタと触れられることは、親子の一体感を強制されているのと同じであり、自分のプライバシーを侵害されていることと同じである。とくに異性の親の場合は、安易に触れることは、負のスキンシップとなる可能性が高い。

では、どのように触れたらいいのだろうか。

ひとつは、部活や勉強を頑張っている子どもを励ますように、「頑張れよ」と肩を叩く方法である。つまり、ワンポイント型のスキンシップだ。言葉で伝えるよりも、ずっと思いが伝わりやすいというメリットもある。触れるときはワンポイントで、できるだけ短時間にするのがコツである。父親の場合は、こういった方法が取り入れやすいのではないだろうか。

また、私が顧問をしている「キッズ&ジュニアスポーツコンディショニング協会」ですすめているやり方がある。思春期の親子のスキンシップが自然にできる仕掛けとして使えると思うので、紹介しよう。

一般的に、中学生は部活で忙しい毎日を送っている。とくに運動部の生徒は、筋肉痛に悩まされることも多い。

そこで、子どもの筋肉の疲労を回復させるようなコンディショニングの仕方を教えて、きちんとしたマッサージができるように、親に子どものトレーナーになってもらおうというものである。

もちろん、ここで私が伝えたいのは、正しい筋肉の疲労回復の方法ではない。子どもの部活やスポーツの疲れを利用して、子どもに触れる提案である。

子どもが夕方疲れて帰宅したあと、お風呂上がりや夜寝る前でもいい、マッサージをしてあげるのである。そういう触れ方であれば、「正当な理由」であるし、子どもに抵抗なく触れることができるし、子どもも抵抗を感じない。この協会でも多くの母親が子どもに触れる効果の大きさを語っていたのは印象的だった。

マッサージで親子の会話が増えたという話はよく耳にする。

思春期の子どもには、触れるきっかけさえあれば、親子関係がいい方向に動き出すことは間違いない。お子さんが運動部に入っていないというご家庭なら、勉強をしているときや机に向かっているとき、タイミングを見計らって肩を軽くもんであげるのもいいだろう。

このように見てくると、「子どもに触れる」という行為には、プラスとマイナスの両面があることがわかる。

ひとつは「子どもとの絆を築く」というプラス面であり、もうひとつは「子どもを束縛する」というマイナス面である。

子どもを束縛するとは、言い換えれば拘束ともいえる。触れるためには、何より子どもにそばにいてもらわないとならないし、ある程度じっとしていてもらわなければならない。子どもが小さいうちは身体的な拘束であるが、思春期からはそれは心理的な拘束になってしまう。すなわち過度の愛情や過度の期待といった「枷《かせ》」によって拘束してしまうことになるかもしれないのである。

触れられることをこのように受け取ったとしたら、それはマイナスにしか作用しない。

そしてこの2つの側面は、常に同居している。同じように子どもに触れたとしても、子どもが小さいうちはプラス面が大きいが、思春期になってくるとマイナス面のほうが顕著になってくるのだ。

しかしここで紹介したように、子どもの年齢に適切な触れ方を心がけることができれば、マイナス面を上回ってプラス面を大きくすることができるのだと思う。

だから、勉強で疲れた子どもの肩をもむ、部活で疲れた子どもの足のマッサージをするのは非常にいい方法だが、親の愛情を重荷に感じさせないように注意が必要である。

そこで次章で述べるように、子どもに「寄り添う」といった慈愛の心で接すれば、思春期の揺れ動く子どもの心は安定してくるだろう。

第5章

「皮膚感覚」を活かす人づきあいのヒント

「心」に触れるコミュニケーション

触れていなくても、そばにいるだけで心が強くなる

好きな人と手を握り合っているとほっとする。怖いものがなくなり、勇気が湧いてきて、なんでもできるような気がする。

触れることは人の苦痛を癒し、ストレスを緩和してくれるものだ。

アメリカの心理学者のジェームズ・コーンらが16組の夫婦を対象におこなった実験では、妻の腕に軽度の電気ショックを与えるというストレスのかかる状況におき、脳の反応を調べた。実際は電気ショックを与えたわけではなく、与える予告をしたときの脳の反応を調べたのだ。

その状態で「見知らぬ人に手を握らせる」「夫に握らせる」「何もしない」という3つの方法で、脳のどの部分が反応するかを調べた。すると、見知らぬ人に手を握らせるだけでもストレスに関する脳の活動は弱まったが、夫に握ってもらったときは、より活動が弱まるという結果になった。

不快なことやストレスを感じることがあったとき、どんな上手な言葉かけよりも、好きな人に手を握ってもらったり、背中をなでてもらったりしたほうが、ずっと癒されることがある。夫婦やカップルなど、好きな人と手をつなぐだけで、つらい状況も乗り越えられることがある。これも「触れ合い」の効果である。

ところが、触れなくてもストレスが軽減することがある。それを示したユニークな実験があるので紹介しよう。

アメリカの心理学者サイモン・シュナルらがおこなった坂の実験である。

実験参加者たちを坂のふもとに連れて行き、その坂の角度を推測してもらった。このとき参加者たちを「友人が側にいる」群と、「1人で」推測する群に分けて調べた。

すると、友人と一緒に推測した人は、1人で推測した人に比べて、坂の傾斜を「ゆるい」と判断したのである。もちろん、坂の傾斜の度合いが変わるわけはない。

しかも、その傾斜をゆるいと推測する度合いは、友人との親密度が高いほどに大きかったのだ。

親しい人がそばにいることで、同じ坂でも傾斜をゆるく感じるというわけである。

坂道だけではなく、「駅までの道のりの判断」「重い荷物を背負って上る階段の高さの判断」「痛みに耐えられる程度」などについても、同じ現象が起こった。

つまり人は、困難がそこにあっても、親しい人がそばにいるだけで、たとえ触れていなくても、その困難を軽く感じるようになり、苦痛がやわらぐのだ。

親しい者同士なら、ただ「寄り添う」だけで、心が強くなる。

このように「一緒にいる」だけで心が強くなるのはなぜだろうか。

1人ではどうしようもないとか、負担が大きすぎて乗り越えられないことも、誰かと一緒ならきっとできる。いや、できるような気がする。

相手を自分の一部のように感じるスペース

相手と一緒にいるときは、2人のあいだの距離が大切である。距離が遠すぎるとこの効果は見られなくなる。しかし近すぎてもいけない。

満員電車で見ず知らずの人と肌が触れ合うと、とても不快になる。また同じく電車で、知らない人が隣に座り、肩が少し触れただけで避けるように座り直してしまったことはないだろうか。

人間には自己を守る「なわばり」の意味を持つ空間があり、これを「パーソナルスペース（個人空間）」という。

自分のなわばりに見ず知らずの他者が入れば、不快に感じるのは仕方のないことなのだ。

さらに細かく見ると、パーソナルスペースは４つの距離帯に分かれている。

①公的ゾーン
一番遠いのが公衆レベルの距離である。だいたい３・５ｍ以上の距離なので、演説や講演会をするレベルだ。

②社会的ゾーン
１・２～３・５ｍの距離である。会社の上司と部下などがその例だろう。体に触れることはできないが、会話は十分に成立する。

③対人的ゾーン
友人関係などの距離で、45㎝～１・２ｍの距離。手を伸ばせば相手に触れることができる距離だ。友人関係などなら、このくらい近づいて会話をすることが多いはずである。

④親密ゾーン

45㎝以下の距離。すぐに体に触れることができるので、恋人や家族など、親しい間柄なら許される。親しくない人がこの距離に入り込むと、人は不快に感じる。

もちろんパーソナルスペースのとらえ方は、そのときの状況や文化の違いなどによっても変わってくる。

ハグやキスの習慣がない「触れない」民族である日本人は、欧米諸国に比べてパーソナルスペースが大きい傾向がある。だから近づくことや触れることに過剰に反応してしまいがちなのだ。

一方で、触れることに対するマナーはあまり確立されていない。例えば駅などで欧米人とぶつかったとき、即座に「sorry」といわれたことはないだろうか。ところが、日本人の場合は、肩がぶつかろうが足を踏もうが、謝らない人のほうが多いと感じるのは、私だけではないはずだ。また欧米では、マッサージなどでも、触れる際には必ず「触れていいですか?」と了承を得てから触れる。相手の境界の感覚を尊重することが、文化のなかで身についているからである。

話を戻そう。なぜ親しい人が近くにいると、心が強くなるのだろうか。その秘密は、「ペリパーソナルスペース」の働きにある。

ペリパーソナルスペースとは、ある領域内にある人やものを、自分の体の境界である皮膚が膨張して、まるで自分の体の一部であるかのように脳が感じてしまう空間のことだ。

ペリパーソナルスペースは、具体的には手を伸ばせば触れられる範囲（45～50㎝程度）とされている。

もちろん、手に持っているものもそうだ。例えばナイフとフォークを持ってステーキを切っているとき、脳はまるでナイフとフォークが自分の体の一部であるかのようにとらえている。このほかにも野球選手におけるバットや、目が不自由な方が持っている白杖もそうである。つまり、ペリパーソナルスペースの領域にあるものに対して、脳は自分自身の一部であるととらえているのだ。

この現象は人に対しても同様で、親しい人が近い距離にいると、自分の境界が広がったように感じてしまうことがある。

自分の境界とはつまり、皮膚のことである。通常は、自分の皮膚の表面こそが、他者との境界であるはずだ。それが、親しい人が近くにいると、まるで自分の境界が広がり、相手の体も自分の体の一部のように感じて、エネルギーが増すような感覚が生まれてくる。いわば、自分と相手の皮膚の境界の一部が融合している状態である。

これを「自己膨張理論」という。

つまり、自分が膨張しているような感覚なのだ。だから、親しい人が近くにいれば、困難も乗り越えられそうだという勇気が湧いてくる。

前項で紹介した、親しい人と一緒にいると坂道の傾斜がゆるやかに見える現象も、まさにこの効果なのだ。

「距離が近すぎる」というストレス

繰り返しになるが、満員電車は、他人との距離が極端に近くなる。要は自分のなわばりに他人が土足で入り込む状態である。だから誰もが不快になるのは当然だ。

これを「クラウディング」という。クラウディングとは、満員電車のように人が高密度でいる状況で生じる、ネガティブな感情や不快感のことだ。実際、クラウディングの状態では、血圧が上がったり、否定的な行動を他人にとったりしがちである。

満員電車で目をつぶっている人も多いが、これは無意識にストレスを軽減しているのである。高密度の状況では、ペリパーソナルスペースをお互いに侵害してしまうので、他人を環境の一部とみなしたり、目を閉じたりすることによって、余計なストレスを感じないようにしているのだ。

もし、満員電車の一人ひとりを、自分のペリパーソナルスペースにいる生身の人間としてとらえてしまったら、それぞれの人に対して、声をかけたり微笑んだりする働きかけを意識するように脳が活動して疲弊してしまう。それを避けるがために、「目を閉じて」情報をシャットアウトしているわけである。

だから、都会に住む人ほどまわりの人間を環境の一部であるように見てしまう傾向がある。触れない民族である日本人が、ここまで強制的に人と触れ合わなければならない状況はほかにはないだろう。

クラウディングがストレスになり、攻撃性を誘発するのは、実はサルも同じだ。群れで暮らしている動物にとって、必要以上に密集してしまうことは、やはりストレスのようだ。密集することは、自分のエサが減ることでもあるからだ。そういう状況になると、サルは攻撃的な行動が増え、数をばらす、つまり密度を減らすようにする。

これも進化の結果、獲得した行動である。

サルに関しては、もうひとつ面白い観察実験がある。

ある動物園では、夏のあいだはサルをとても広い空間で飼育している。しかし、冬になると、狭い室内に閉じ込めて飼育する。そうすると、冬のサルはどういう行動をとるだろうか。

当然、密集したサルは、お互いを攻撃し合うだろうと予想したのだが、実際はそうではなかったのだ。

クラウディングの状態になったサルたちは、お互いに目をそらし、相手を見ないようにしたのである。そう、満員電車の私たち人間のように。

空を見たり、地面を見たりして、目をそらすことによって、クラウディングの影響を少なくするように行動したのである。

これがもう少し高等なチンパンジーになると、さらに面白い。クラウディングの状態になると、チンパンジーたちはグルーミング（毛づくろい）しはじめたのだ。

つまり、お互いをグルーミングすることで、攻撃的な行動をなだめようとしているのである。人間も同じで、触れることで不快にもなれば、触れることでストレスを癒す効果もあるという二面性があることは、非常に興味深い。

一方、人が集まった状態では、クラウディングとは逆の現象が起きることがある。そのいい例が、パブリックビューイングだ。

オリンピックやサッカーのワールドカップの試合など、わざわざパブリックビューイングに足を運ぶ人がたくさんいる。私からすれば、家のテレビのほうが落ち着いてよく観られるのではないかと思うのだが、そうではないらしい。

多くの人が集まる理由は、一体感を味わいたいからである。そのほうが感動も倍増し、喜びも増えるからである。これこそまさに、先述した自己膨張理論である。

1人よりもみんなで同じものを共有したほうが、自分の体が膨張したように感じ、より一体感を味わえるのである。

好きなミュージシャンのコンサートや、スポーツ観戦などもそうだろう。

他人との境界をつくりがちな現代、むしろ好ましいことなのかもしれない。

自己膨張理論は、自分の境界と他人の境界が融合したように感じる現象だと述べた。互いの境界の感覚が排他的なものではなく、一体化する膜のように感じるからこそ、このようなことが起こる。そしてそれが起こるためには、幼少期に親にしっかりだっこをされたり、友だちと肌を触れ合わせるような遊びをたくさんしたりすることが必要だ。

他人から触れられることは、他人が自分の境界を越えて、自分の領域を侵すことである。スキンシップそのものが、自分と他人の境界の存在を意識しつつなくすことでもある。触れられる経験が少なければ少ないほど、他人への境界の感覚ばかりが強く、自分の領域を侵されることに抵抗を感じてしまうだろう。

自他の境界が融合する感覚の欠如は、自他の隔たりを強めることになるからだ。

現代は、触れることに抵抗感を示す若者が増えていると感じることが多い。とくに幼い頃からのスキンシップの必要性をもう一度見直してほしいと思わずにはいられない。

添い寝するだけで自律神経が同調する

直接触れ合っていなくても、つながりを強く感じる関係というものがある。もっともよく知られているのが母親と子どもの関係ではないだろうか。

とくに日本では、子どもと添い寝をする習慣がある。添い寝をすれば子どもは安心して眠ることができるということくらいは、実感としてわかるかもしれない。日本の母親の多くは、その影響を意識せずにおこなっているだろう。

赤ちゃんにとって、親（とくに母親）が近くにいるのは、何よりの安心につながる。母親の隣で安心して寝ている赤ちゃんは仰向けで寝ているが（もちろんうつぶせ寝をさせている場合もあるが）、実はあらゆる動物のなかで、仰向けで寝られるのは人間だけだという。

仰向け寝で一番危険なお腹をさらけ出すことは、よほど誰かに守られているという安心感がなければできないのである。

添い寝の影響を調べた、こんな研究がある。

母親と赤ちゃんを同じ布団やベッドで寝かせたとき、睡眠や覚醒のリズムが次第に似てくるのである。アメリカの睡眠研究所でおこなわれた調査で、母親と同じ布団やベッドで寝ている赤ちゃんが夢を見る睡眠反応などを含め、8割もの睡眠と覚醒のリズムが母親と一致しているという結果になったという。

例えば、赤ちゃんが夜泣きをする直前や、夜中の授乳で泣き出す直前に、なぜか母親が先に目を覚ますという話をよく聞く。これは母親としての直感が鋭くなっていることもあるかもしれないが、睡眠や覚醒のリズムが似てきているからなのだろう。その証拠に、赤ちゃんがどんなに泣いても、隣で寝ている父親はまったく起きる様子がない、という話もよく聞く。

これとは逆に、母親と赤ちゃんを別の部屋に寝かせると、睡眠と覚醒のリズムがバラバラになってしまう。つまり、母親が赤ちゃんのそばにいること、肌が触れていることで、肌を通して、なんらかのやりとりがされているということなのだ。

母親が赤ちゃんのそばにいるということは、赤ちゃんのちょっとした変化を察知し、敏感に、敏速に反応することができるということである。

また、別の実験では、母親と赤ちゃんの自律神経の活動も似てくることがわかっている。例えば母親の心拍のリズムが赤ちゃんの心拍のリズムに同調したり、逆に赤ちゃんのリズムが母親のリズムに1秒以内のタイムラグで同調したりする。

また母親がストレスを感じると、それは赤ちゃんの体にも伝わるという。

イスラエルの心理学者であるルース・フェルドマンは、他者から否定的な評価を受けるといったストレスを受けた母親が、泣いている赤ちゃんをなだめようとすると、赤ちゃんの自律神経や心拍などの生理反応が、母親と同調することを発見した。

ストレスを感じたときは、皮膚の温度は低下する。母親の皮膚の温度が低下しているとき、触れられた赤ちゃんにもその体温の変化が伝わる。それが、赤ちゃんにとってのストレスとなるのだ。

また、赤ちゃんの皮膚の温度が下がると、赤ちゃんであっても、相手との距離を遠ざけるようになる。すると、人と親密な関係を築くことを回避する、つまり母親との愛着関係を拒否する可能性もあるのである。

このように体の同調は、良くも悪くも互いに伝わり、同調するのだ。

病気の人には「付き添う」だけでもプラスの効果が

直接触れ合わなくても安心を感じることができることはおわかりいただけたと思う。触れ合わずともプラスの効果をもたらすのは、親子関係だけではない。

最近では完全看護で付き添いが不要の病院が増えているが、やはり親しい人が付き添ってあげることは、病気の人にとっては非常に心強いものである。

完全看護であればもちろん、医療の面では心配ないのかもしれない。家族も安心していられるメリットも大きい。しかし、患者の心は置き去りにされている可能性も高い。

触れずともそばにいることで、前向きに病気に立ち向かえるようになり、病気が改善することすらあるのだ。

例えばがんの患者さんで、病気を前向きにとらえ、「必ずよくなるのだ」といろいろなことに前向きにチャレンジしている人と、「もうだめだ」とあきらめている人とでは、がんの進行に差が出るという研究もある。「病は気から」というが、病気であるその人に寄り添うことで、前向きな方向に導くことができれば、病気の進行すら変える力があるのである。

また、実際のがん患者の「癒される体験」について調査した研究がある。患者が癒される体験としてあげたのは、「他者とのつながりを実感すること」「日常性とのつながり」「社会とのつながりを回復する」といったように、つながりを重視した回答だった。

さらに、がんだと診断された患者のうち7割は、1カ月以内に身近な人に自分のがんについて告白していたという研究結果もある。このように身近な人に告白した患者は、告白しなかった患者よりもその後の生存年数が長くなることもわかっている。

体は自然治癒力を持っている。病気があれば、病院に行って医者に治してもらう、それはもちろん間違ってはいない。でも最終的に自分の病気を治すのは、自分自身の自然治癒力だということを、私たちは忘れがちだ。

この自然治癒力が発揮しやすいように、自分自身でも努力しなければならない。

そのためには、体が心地よいと感じることをすることである。例えば、食事を体にいいものに改善したり、体を温めたり、運動したり、人と触れ合ったりするなど、おこなうことは人それぞれである。

ただここで一番私が伝えたいのは、心身の不調は対人関係のなかでこそ癒されるということだ。どんな不調も、1人で抱え込んで悩むより、人に話すことで癒される。この章の最初に述べたように、親しい人がそばにいることで、同じ坂でも傾斜がゆるく感じられる。それと同じように、困難に思えることでも、親しい人が付き添ってくれることで乗り越えられる気持ちになる。

このように、直接触れ合わなくても他者とともにいるだけで心が解放され、免疫力がアップし、自律神経が整うこともある。

触れずともつながることで、生きるパワーさえ湧いてくるのである。

「直接会わない」コミュニケーションのデメリット

今、人と直接会うことが確実に少なくなっている。

メールやスマートフォンでのやりとりが増え、一度も会わないまま仕事が成立したり、買い物ができたり、友人関係すら成立してしまう。

非常に便利な世の中になったと思う一方で、やはり「直接会う」ことの大切さを強調しておきたい。

例えば私は仕事柄、取材を受けることが多いのだが、取材といっても「直接会って話す」ケース、「電話取材」「メール取材」などのケースもある。

例えばメールでは、わかるのは「文字情報」のみだ。

会えば、その人の雰囲気や口調、息づかいから熱意まで感じ取ることができる。おそらく、同じ題材について聞かれても、メール、電話、直接会うのとでは、私の答え方も違うのではないかと思う。それは、互いに会うことによって、多かれ少なかれ、化学反応のようなものが起こるからだ。

会話をしたときも、相手が目の前にいれば、相手の声を肌でも「聞いている」。

また、例えば抱き合っているとき、相手の声は耳から入ってくるだけではなく、自分の体を通しても響く。それと同じようなことが、相手との距離が近ければ近いほど起きているのだ。メールや電話では起こり得ないことである。

直接会うことは、相手との距離を縮める。母子がそばにいるだけで体が同調したり、親しい人が寄り添うだけで癒されたりするのと同じような効果が起きているのである。

相手と対面し、皮膚を通して相手を「感じる」と、自分もそれに反応して、自律神経などの変化が起こる。すると、またそれに相手が反応して、自律神経などに変化が起こる。

こうして、お互いの体が共振し合い、コミュニケーションが深まっていくのである。

触れるだけで、相手に感情が伝わる

私たちは触れることで、相手に自分の感情を伝えることができる。

ときにそれは、言葉以上の力を持つ。

例えば、こんな経験をしたことはないだろうか。

・「頑張れ」というメッセージを伝えたいときに、肩を勢いよくポンと叩く
・落ち込んでいる相手を慰めるときに優しく背中をなでる
・勇気づけたいときに手を力強く握る
・再会できた喜びをあらわす、あるいはしばらく会えない相手との別れを惜しむときに、しっかりと抱き合う

などである。

では、触れることは一体どのような感情を伝えやすいのだろうか。それを探るため、アメリカ・カリフォルニア大学のケルトナーは、同情や感謝の表現を伝える方法を研究した。

彼がまず着目したのは、表情で伝える方法だった。人は困っている人に「同情」するとき、下くちびるを少し出す表情をするという。そこでケルトナーは、この表情の写真を実験参加者に見せて、その表情から相手の感情を読み取ってもらう実験をした。けれども、ほとんどの被験者がその「同情」を読み取れなかった。

次に声に注目した。人はさまざまな感情をコミュニケーションするため、22種類もの異なる種類の声音を使い分けているという。そこで、同情、愛情、感謝の感情を発声しても

らい、その声から相手の感情を判断する実験をやってみた。すると同情の感情を発声から正しく認定できた割合は約50％だった。しかし愛情や感謝の場合、正答率は20％以下しかないことがわかった。

驚くべきことだが、愛情や感謝といった向社会的な感情は、表情でも声でも相手に伝わらないのである。

そこでアメリカの心理学者、マット・ハーテンシュテインは、他者に向社会的な感情を伝える手段として、タッチを調べることにした。

タッチを通じて同情、愛情、感謝が伝達できるかどうか、実験をおこなった。この実験では、2人がペアとなって二の腕に触れることで感情を伝えるというものであった。参加者は、12種類の感情のリストを与えられ、二の腕の触覚だけを手掛かりにして、相手がどの感情を伝えたいのかを選ぶのである。

その結果、怒り、嫌悪、恐れといったよく研究されている感情は、わずか1～2秒のタッチで確実に伝えることができた。例えば怒りを伝える触れ方は、「叩く」ことが多く、嫌悪を伝える触れ方は「押す」ことが多いといった具合だ。

またスムーズに伝わったのは社会的な感情、すなわち愛、同情や感謝だった。人は愛を伝えるために相手を「なで」、同情を伝えるために「軽く叩き」、感謝を伝えるために「握手」をした。しかしうまく伝えられなかった感情は、妬みやプライドといったように、自意識が関係する感情だった。

これらのことからハーテンシュテインは、タッチが伝える感情というのは、困っている人に同情し、協力し、協力してもらったことに感謝するといった慈愛の心を伝える手段として進化し発達したのだと考えている。

相手のために触れる「慈愛の心」

この研究から、最後に改めてタッチの意味について考えたい。

「体に触れる」ことには、2種類ある。ひとつは「自分のために触れる」こと。もうひとつは「相手のために触れる」ことである。

自分のために触れるというのは、セルフマッサージなどがその代表だが、典型的な悪い例では「痴漢」がそうだ。あるいは、美容師、看護師など人に触れる仕事をしている「触業」

の人で、触れることを仕事のため、お金のための「手段」としてとらえているとき、それは自分のために触れるということになる。

私がここで伝えたいのは「相手のために触れる」ことの意味である。

第3章で、マッサージをしていると、マッサージをしている側のほうにもオキシトシンが分泌されると述べた。これも、マッサージする側が相手のことを思いながら触れるからである。

私は仕事柄、これまで多くのマッサージを体験させてもらった。もちろん、どれもリラックスできて気持ちのよいものだった。そしてマッサージを受けて痛感したのは、この心地よさは、マッサージを受けているという物理的な刺激のためだけではないということだ。

そこには「大切にされている」と強く感じられるものがあった。すぐれた施術者は、先述したように「相手のために」触れる。だから、受け手は、とても大切に扱われていると感じる。自分の存在をありのまま、否定されることなく受け入れられたように感じるのである。体に触れられることによって、気がつけば心が癒されている。

そこには、「慈愛の心」がある。

慈愛の心で相手に触れると、触れるほうも触れられるほうも、自律神経のバランスが整い、免疫機能が整うなど、心身の健康にもつながっていく。当然、オキシトシンも分泌されるが、それも慈愛の心と密接に結びついている。

本来、「触れる」という行為は、相手のことを思っておこなうものである。そしてそれは同時に自分自身を癒し、心に慈愛の灯をともす行為となるのである。

これは直接触れなくても同じである。

例えばボランティア活動をするときに、自分のためにおこなうのと、相手のことを思っておこなうのとでは、自分の心身への影響がまったく違うのだ。

実際にアメリカの実験では、同じボランティア活動をしても、自分のためだけにおこなっている群と、相手のためを思っておこなっている群とを比較してみた。結果として、相手のことを思っている群のほうが自律神経のバランスが整い、細胞の炎症レベルまでよくなったという。

これはボランティア活動に限ったことではない。余計なことかもしれないが、例えばふるさと納税について考えてみよう。

ふるさと納税を、単に節税目的やお礼の品ほしさで「自分のために」納税するのではなく、納税する自治体（相手）のことを思っておこなうのとではどうだろう。自分への影響も大きく違ってくるのではないだろうか。

慈愛の心で相手に触れると、自分自身も癒されるため、究極は、悩みさえもなくなってしまう。他者の皮膚と自分の皮膚が接触することで、自他の境界を出入りするようになる。

これは社会的な自己と呼ばれる自己を身体レベルで呼び覚ますことにつながる。そしてそれは、他者との関係において自分の存在価値を見直すことにもつながるのである。すると今度は、人のために何かすることに喜びを見出すようになっていくのではないだろうか。

誰かに触れられ、大切に扱われることで、自分の必要価値を見出し、今度は人のために生きようとする好循環が生まれるのだ。

私たちは、決して1人きりで生きていくことはできない。生まれてからずっと、自分1人だけの力で生きてきたという人はいないだろう。

仏教でもキリスト教でも、「慈悲」「慈愛」などの言葉で慈しみの心を説いている。相手を思う「慈愛の心」を持つことは、結果的に「自愛の心」につながり、不安や抑うつが減り、自分の心を整えることにつながるのである。

青春新書
INTELLIGENCE

こころ涌き立つ「知」の冒険

いまを生きる

"青春新書"は昭和三一年に——若い日に常にあなたの心の友として、その糧となり実になる多様な知恵が、生きる指標として勇気と力になり、すぐに役立つ——をモットーに創刊された。

そして昭和三八年、新しい時代の気運の中で、新書"プレイブックス"にその役目のバトンを渡した。「人生を自由自在に活動《プレイ》する」のキャッチコピーのもと——すべてのうっ積を吹きとばし、自由闊達な活動力を培養し、勇気と自信を生み出す最も楽しいシリーズ——となった。

いまや、私たちはバブル経済崩壊後の混沌とした価値観のただ中にいる。その価値観は常に未曾有の変貌を見せ、社会は少子高齢化し、地球規模の環境問題等は解決の兆しを見せない。私たちはあらゆる不安と懐疑に対峙している。

本シリーズ"青春新書インテリジェンス"はまさに、この時代の欲求によってプレイブックスから分化・刊行された。それは即ち、「心の中に自らの青春の輝きを失わない旺盛な知力、活力への欲求」に他ならない。応えるべきキャッチコピーは「こころ涌き立つ"知"の冒険」である。

予測のつかない時代にあって、一人ひとりの足元を照らし出すシリーズでありたいと願う。青春出版社は本年創業五〇周年を迎えた。これはひとえに長年に亘る多くの読者の熱いご支持の賜物である。社員一同深く感謝し、より一層世の中に希望と勇気の明るい光を放つ書籍を出版すべく、鋭意志すものである。

平成一七年　　　刊行者　小澤源太郎

著者紹介

山口　創〈やまぐち　はじめ〉

1967年、静岡県生まれ。早稲田大学大学院人間科学研究科博士課程修了。専攻は、健康心理学・身体心理学。現在、桜美林大学リベラルアーツ学群教授。臨床発達心理士。おもな著書に、『子供の「脳」は肌にある』『子育てに効くマインドフルネス』(光文社)、『手の治癒力』『人は皮膚から癒される』(草思社)などがある。

皮《ひ》膚《ふ》は「心《こころ》」を持《も》っていた!　青春新書 INTELLIGENCE

2017年8月15日　第1刷

著　者　山《やま》口《ぐち》　創《はじめ》

発行者　小澤源太郎

責任編集　株式会社プライム涌光

電話　編集部　03(3203)2850

発行所　東京都新宿区若松町12番1号 〒162-0056　株式会社青春出版社

電話　営業部　03(3207)1916　振替番号　00190-7-98602

印刷・中央精版印刷　製本・ナショナル製本

ISBN978-4-413-04519-3